W0226200

Mann, was schenk ich dir?

X-Mas Edition 2024

Inhaltsverzeichnis

1

Einleitung

Warum dieses Buch?

Weihnachten steht vor der Tür, und du stellst dir vielleicht wieder die alljährliche Frage: „Was schenke ich bloß?“ Insbesondere wenn es um Männer geht, kann die Suche nach dem perfekten Weihnachtsgeschenk zur Herausforderung werden. Dabei ist es nicht so, dass Männer keine Interessen hätten – im Gegenteil! Doch genau diese oft sehr spezifischen Vorlieben machen die Geschenkauswahl oft kompliziert. Dieses Buch soll dir dabei helfen, das Rätsel zu lösen.

Hier findest du keine langen Listen von „Besten Produkten des Jahres“ oder „Must-Have-Geschenken“. Stattdessen bieten wir dir eine fundierte Anleitung, um das perfekte Geschenk für den Mann in deinem Leben auszuwählen. Egal, ob du ein Technik-Gadget, ein sportliches Accessoire oder ein kulinarisches Highlight suchst – dieses Buch führt dich durch verschiedene Kategorien und hilft dir, das Geschenk zu finden, das wirklich zu ihm passt.

Wie du das perfekte Weihnachtsgeschenk für Männer findest

Was macht ein gutes Geschenk aus? Für viele ist es nicht der Preis, sondern die

Aufmerksamkeit und die Gedanken, die dahinterstehen. Ein Geschenk zeigt, dass du die Person kennst und ihre Interessen und Vorlieben schätzt. Aber wie findest du genau das Geschenk, das Eindruck macht?

In diesem Buch wirst du erfahren, welche Kategorien von Geschenken besonders gut ankommen, wie du deine Auswahl auf die individuellen Vorlieben abstimmen kannst und welche Trends du beachten solltest. Ob Technik-Fan, Outdoor-Abenteurer oder Genießer – wir haben für jeden Typ Mann etwas dabei.

Warum keine direkten Produktempfehlungen sinnvoll sind

Du wirst in diesem Buch bewusst keine direkten Produktempfehlungen finden. Stattdessen fokussieren wir uns auf Kategorien und Kriterien, die dir dabei helfen, das perfekte Geschenk selbst zu finden. Das hat mehrere Gründe:

1. **Individuelle Vorlieben und Bedürfnisse:** Jeder Mann hat eigene Interessen, Hobbys und Wünsche. Ein Geschenk, das für einen technikbegeisterten Mann großartig sein mag, passt möglicherweise nicht zu jemandem, der sich eher für Outdoor-Aktivitäten interessiert. Anstatt spezifische Produkte zu empfehlen, möchten wir dir zeigen, wie du das Geschenk individuell auf die Person abstimmen kannst. So triffst du eine Wahl, die wirklich zu ihm passt.
2. **Ständige Veränderungen in den Trends:** Technik, Mode und sogar Freizeitprodukte unterliegen ständigen Veränderungen. Produkte, die heute als „Must-Have" gelten, könnten in wenigen Monaten bereits überholt oder uninteressant sein. Um zu vermeiden, dass das Buch schnell veraltet wirkt, konzentrieren wir uns auf langlebige Geschenkideen und Trends, die zeitlos oder flexibel genug sind, um mit den wechselnden Vorlieben Schritt zu halten.
3. **Unabhängigkeit und Vertrauenswürdigkeit:** Wir möchten dir einen unvoreingenommenen Ratgeber bieten. Direkte Produktempfehlungen könnten den Eindruck erwecken, dass wir bestimmte Marken oder

Hersteller bevorzugen. Stattdessen geben wir dir eine Anleitung, wie du selbst eine fundierte Entscheidung triffst, ohne auf die Meinung von Verkäufern oder Herstellern angewiesen zu sein.

4. **Budget und persönliche Präferenzen:** Das perfekte Geschenk muss nicht teuer sein. Oft sind es die kleinen, durchdachten Dinge, die am meisten Freude bereiten. Daher schlagen wir dir Geschenkideen vor, die in verschiedene Preisklassen passen, ohne dich dabei auf bestimmte Preispunkte festzunageln. So bleibst du flexibel und kannst das Geschenk entsprechend deinem Budget und den Bedürfnissen des Beschenkten wählen.

Aufbau des Buches

Um dir die Suche nach dem perfekten Geschenk zu erleichtern, haben wir dieses Buch in verschiedene Kategorien unterteilt, die den häufigsten Wünschen und Interessen von Männern entsprechen – von Technik über Sport bis hin zu kulinarischen Genüssen. Jede Kategorie bietet dir eine Auswahl an Geschenkideen, die in drei Budgetkategorien unterteilt sind:

1. **Günstige Geschenkideen:** Hier findest du kreative und durchdachte Geschenke, die preislich im unteren Bereich liegen und trotzdem einen bleibenden Eindruck hinterlassen. Diese Geschenke kosten in der Regel bis zu **50 Euro**.
2. **Mittlere Preisklasse:** In dieser Kategorie findest du Geschenke, die sich in einem moderaten Preissegment bewegen. Sie bieten ein hervorragendes Preis-Leistungs-Verhältnis und kosten zwischen **50 und 150 Euro**.
3. **Teure Geschenke:** Für diejenigen, die bereit sind, etwas mehr zu investieren, bieten wir auch hochpreisige Geschenkideen an. Diese Geschenke sind exklusiver und kosten über **150 Euro**.

Innerhalb jeder Kategorie findest du außerdem detaillierte Empfehlungen, die dir helfen, außergewöhnliche und besondere Geschenkideen zu entdecken. Am Ende jedes Kapitels geben wir dir zudem eine Zusammenfassung der besten

Vorschläge und praktische Tipps, wie du die perfekte Wahl treffen kannst.

2

Technik & Gadgets

Technik spielt im Leben vieler Männer eine große Rolle. Ob für den Alltag, die Arbeit oder in der Freizeit – es gibt kaum einen Bereich, in dem Gadgets und technische Innovationen keinen Platz finden. In diesem Kapitel stellen wir dir Geschenkideen vor, die durch ihre Funktionalität, Innovation und ihren Spaßfaktor punkten.

Geschenkideen im Fokus

Kabellose Kopfhörer (ca. 150€)

Kabellose Kopfhörer bieten Komfort und Freiheit. Sie sind perfekt für den Alltag, sei es auf dem Weg zur Arbeit, beim Sport oder beim Entspannen. Moderne Modelle bieten beeindruckenden Sound, lange Batterielaufzeiten und oft auch aktive Geräuschunterdrückung.

Smart Speaker mit Sprachsteuerung (ca. 100€)

Ein smartes Lautsprechersystem bringt den persönlichen Assistenten ins Haus. Diese Geräte können nicht nur Musik abspielen, sondern auch als

Steuerzentrale für Smart-Home-Geräte dienen, Fragen beantworten und Erinnerungen setzen.

Spielekonsole der neuesten Generation (ca. 500€)

Eine Spielekonsole ist nicht nur etwas für Gamer. Sie bietet Entertainment für die ganze Familie – von Filmen und Musik bis hin zu den neuesten Spielen. Sie beeindruckt durch ultra-realistische Grafiken und eine Vielzahl an Funktionen.

Günstige Geschenkideen (bis 50€)

Bluetooth-Schlüsseltracker (ca. 25€)

Ein kleines Gadget, das hilft, verlorene Gegenstände wie Schlüssel oder Geldbörsen zu finden. Perfekt für Menschen, die immer auf der Suche nach ihren Sachen sind.

Kabellose Ladestation (ca. 40€)

Eine praktische Lösung, um das Handy und andere Geräte kabellos und unkompliziert aufzuladen. Schluss mit Kabelsalat!

Smartphone-Halterung fürs Auto (ca. 20€)

Diese Halterung sorgt für eine sichere Nutzung des Smartphones als Navi oder Freisprechanlage und ist ein Must-have für alle, die viel unterwegs sind.

Mittlere Preisklasse (50-150€)

Smartwatch (ca. 120€)

Eine Smartwatch ist nicht nur ein Modeaccessoire, sondern ein nützliches Werkzeug für das tägliche Leben, von Fitness-Tracking bis hin zu Kalender- und Nachrichtenbenachrichtigungen.

Noise-Cancelling-Kopfhörer (ca. 150€)

Ideal für alle, die viel reisen oder sich Ruhe wünschen. Sie unterdrücken Hintergrundgeräusche und liefern gleichzeitig beeindruckenden Klang.

Smart Home Steckdosen (ca. 80€)

Intelligente Steckdosen ermöglichen es, Geräte bequem per App zu steuern und so Strom zu sparen oder das Zuhause sicherer zu machen.

Teure Technikgeschenke (ab 150€)

Virtual Reality Headset (ca. 350€)

Ein VR-Headset ermöglicht das Eintauchen in virtuelle Welten, egal ob für Spiele, virtuelle Reisen oder interaktive Fitnesserlebnisse.

Drohne mit Kamera (ca. 500€)

Eine Drohne eröffnet völlig neue Möglichkeiten der Fotografie und des Videodrehs aus der Luft. Sie ist nicht nur ein Spielzeug, sondern ein vielseitiges Werkzeug für Kreative.

Smart Home System (ca. 300-600€)

Mit einem kompletten Smart-Home-System kann das gesamte Zuhause per App gesteuert werden – von der Beleuchtung bis hin zu Sicherheitskameras und Heizungssystemen.

Top-Neuheiten für 2024

Wearable Fitnessgeräte (ca. 200€)

Diese tragbaren Geräte analysieren nicht nur Fitnessdaten, sondern geben auch personalisierte Gesundheitstipps. Sie nutzen modernste Sensoren, um den Alltag smarter und gesünder zu gestalten.

Erweiterte Realität für den Alltag (ca. 300€)

Diese Technologie verbindet digitale Inhalte nahtlos mit der realen Welt und bietet so Anwendungen, die über Gaming hinausgehen – von virtuellen Anleitungen bis hin zu interaktiven Bildungsangeboten.

Autonome Haushaltshelfer (ca. 250€)

Haushaltsroboter, die mehr können als nur Staubsaugen. Diese neuen Modelle erledigen eine Vielzahl an Aufgaben und lassen sich per Sprachsteuerung in den Alltag integrieren.

Weitere Geschenkideen für Technik & Gadgets

Smart Beleuchtungssystem (ca. 80€)

Diese intelligente Beleuchtung kann Helligkeit und Farbe im ganzen Raum per App oder Sprachsteuerung steuern.

Tragbarer Mini-Projektor (ca. 120€)

Ein kompakter Projektor für Filme und Spiele, der überall mit hingenommen werden kann und für beeindruckende Bildqualität sorgt.

Kabellose Maus mit Ladefunktion (ca. 40€)

Eine ergonomische kabellose Maus, die Präzision und Komfort bei der täglichen Arbeit bietet und kabellos auflädt.

Laptop-Kühlpad (ca. 30€)

Dieses Zubehör kühlt überhitzte Laptops durch integrierte Lüfter und verbessert die Leistung.

Smartphone-Gimbal für stabile Videos (ca. 80€)

Dieses Gadget sorgt für professionelle, stabile Videos beim Filmen mit dem Smartphone – perfekt für kreative Köpfe.

Kabellose Powerbank (ca. 50€)

Eine Powerbank, die Geräte unterwegs kabellos auflädt und genug Kapazität für mehrere Ladevorgänge bietet.

Externe SSD-Festplatte (ca. 100€)

Eine kompakte und schnelle externe SSD-Festplatte, die große Datenmengen sicher und zuverlässig speichert.

Smart-Thermostat für die Heizung (ca. 70€)

Mit einem Smart-Thermostat lässt sich die Raumtemperatur intelligent und energiesparend steuern.

Gaming-Tastatur mit Hintergrundbeleuchtung (ca. 90€)

Diese Tastatur bietet programmierbare Tasten und eine farbenfrohe Hintergrundbeleuchtung für Nacht-Gaming.

360° Überwachungskamera für Zuhause (ca. 110€)

Eine smarte Überwachungskamera mit Rundum-Sicht und App-Steuerung für mehr Sicherheit im Haus.

3

Sport & Fitness

Sport und Fitness sind für viele Männer wichtige Bestandteile ihres Alltags. Ob sie regelmäßig im Fitnessstudio trainieren, im Freien laufen oder einfach aktiv bleiben wollen, die richtigen Geschenke können die Motivation steigern und das Training angenehmer machen.

Geschenkideen im Fokus

Multifunktionale Fitnessuhr (ca. 150€)

Diese Fitnessuhr bietet alles, was man braucht, um Aktivitäten zu tracken – von der Herzfrequenzmessung über Schlaftracking bis hin zu speziellen Sportmodi. Sie synchronisiert sich zudem mit dem Smartphone, um Benachrichtigungen zu empfangen und detaillierte Gesundheitsdaten anzuzeigen.

Hochwertige Yogamatte (ca. 60€)

Eine strapazierfähige und rutschfeste Yogamatte, die perfekt für Yoga, Pilates oder funktionales Training geeignet ist. Die Matte bietet optimalen Komfort und Stabilität, auch bei intensiven Workouts.

Hometrainer für das Wohnzimmer (ca. 500€)

Ein Hometrainer ist ideal, um zu Hause fit zu bleiben. Mit verstellbarem Widerstand und verschiedenen Trainingsmodi ermöglicht dieses Gerät ein intensives Cardiotraining, das sich leicht in den Alltag integrieren lässt.

Günstige Geschenkideen (bis 50€)

Springseil mit Zählfunktion (ca. 20€)

Ein leichtes und robustes Springseil mit eingebauter Zählfunktion, das dabei hilft, Ausdauer und Koordination zu verbessern.

Widerstandsbänder-Set (ca. 30€)

Ein Set von Widerstandsbändern in verschiedenen Stärken, das sich perfekt für Krafttraining, Dehnübungen und Rehabilitation eignet.

Sporthandtuch aus Mikrofaser (ca. 15€)

Ein schnell trocknendes, leichtes Mikrofaser-Handtuch, das sich ideal für das Training im Fitnessstudio oder unterwegs eignet.

Mittlere Preisklasse (50-150€)

Fitness-Tracker-Armband (ca. 100€)

Ein einfaches Fitnessarmband, das Schritte, Kalorienverbrauch und Schlafqualität trackt – ideal für Fitnessanfänger und Freizeitsportler.

Schwimmbrille mit UV-Schutz (ca. 70€)

Eine hochwertige Schwimmbrille, die sowohl UV-Schutz als auch Anti-Beschlag-Eigenschaften bietet – perfekt für regelmäßige Schwimmer.

Faltbares Laufband (ca. 150€)

Ein kompaktes Laufband, das leicht zu verstauen ist und ein effektives Cardio-Training ermöglicht – ideal für kleine Wohnungen.

Teure Fitnessgeschenke (ab 150€)

High-End Crosstrainer (ca. 600€)

Ein Crosstrainer mit mehreren Trainingsprogrammen, der das Herz-Kreislauf-System stärkt und die Gelenke schont. Perfekt für intensives Training zu Hause.

Indoor-Smart-Bike (ca. 800€)

Ein Smart-Bike mit App-Steuerung, das realistische Radsporterlebnisse bietet – ideal für ambitionierte Radsportler, die auch zu Hause trainieren wollen.

Multifunktionale Kraftstation (ca. 700€)

Eine Kraftstation mit mehreren Funktionen, die es ermöglicht, eine Vielzahl an Kraftübungen auszuführen – perfekt für das Home-Gym.

Top-Neuheiten für 2024

Interaktive Trainingsmatte (ca. 250€)

Diese smarte Matte ist mit Sensoren ausgestattet und gibt in Echtzeit Feedback zu deiner Haltung und Bewegungen, um das Training zu optimieren.

VR-Fitness-System (ca. 350€)

Ein Virtual-Reality-Trainingserlebnis, das die reale Fitnesswelt mit virtuellen Umgebungen kombiniert – ideal für technikaffine Sportler.

Laufanalyse-Sensoren (ca. 200€)

Diese Sensoren werden an den Schuhen befestigt und analysieren Lauftechnik und Schritte, um das Training zu verbessern und Verletzungen vorzubeugen.

Weitere Geschenkideen für Sport & Fitness

Wasserflasche mit Zeitmarkierungen (ca. 15€)

Diese Wasserflasche zeigt auf, wann und wie viel Wasser getrunken werden sollte, um während des Tages hydriert zu bleiben.

Fitness-Handschuhe (ca. 20€)

Handschuhe, die beim Krafttraining den Griff verbessern und die Hände vor Schwielen schützen.

Balance Board (ca. 40€)

Ein Balance Board, das das Gleichgewicht trainiert und die Core-Muskulatur stärkt – ideal für Heim- und Outdoor-Workouts.

Laufgürtel für das Handy (ca. 25€)

Ein bequemer, elastischer Gürtel, der das Smartphone und kleine Gegenstände während des Joggens oder Trainings sicher aufbewahrt.

Schweißresistente In-Ear-Kopfhörer (ca. 50€)

Speziell für den Sport konzipierte Kopfhörer, die resistent gegen Schweiß und Feuchtigkeit sind und während intensiver Workouts im Ohr bleiben.

Yoga-Block und Gurt Set (ca. 30€)

Ein Set, das die Flexibilität verbessert und unterstützt – ideal für Yoga-Anfänger und Fortgeschrittene.

Massagepistole (ca. 100€)

Eine tragbare Massagepistole, die Muskelverspannungen nach dem Training löst und die Regeneration beschleunigt.

Schwimm-Kickboard (ca. 30€)

Ein leichtes und handliches Kickboard für Schwimmtraining und zur Verbesserung der Beintechnik.

Klimmzugstange für Zuhause (ca. 40€)

Eine leicht zu installierende Klimmzugstange, die perfekt für das Training zu Hause ist.

Schrittzähler (ca. 25€)

Ein einfach zu bedienender Schrittzähler, der den täglichen Bewegungsfortschritt anzeigt und motiviert.

4

Winter & Outdoor

Viele Männer lieben es, auch in den kälteren Monaten draußen aktiv zu sein. Ob beim Wandern, Skifahren oder einfach bei winterlichen Outdoor-Aktivitäten – die richtige Ausrüstung und Geschenke, die auf den Winter abgestimmt sind, machen diese Erlebnisse noch angenehmer. In diesem Kapitel findest du eine Auswahl an Geschenkideen, die ideal für alle Outdoor-Fans sind.

Geschenkideen im Fokus

Winterjacke mit Isolation (ca. 200€)

Eine hochwertige, isolierte Winterjacke, die nicht nur wärmt, sondern auch vor Wind und Nässe schützt. Ideal für Wanderungen oder andere Outdoor-Aktivitäten in den kalten Monaten.

Thermosflasche mit langer Wärmespeicherung (ca. 40€)

Diese Thermosflasche hält Getränke über viele Stunden heiß und ist damit perfekt für längere Winterausflüge geeignet.

Schneeschuhe für Wanderungen (ca. 150€)

Schneeschuhe sind das ideale Geschenk für Männer, die gerne abseits der ausgetretenen Pfade wandern. Sie sorgen für sicheren Halt im Tiefschnee und sind einfach in der Handhabung.

Günstige Geschenkideen (bis 50€)

Handwärmer mit wiederaufladbarem Akku (ca. 30€)

Ein tragbarer Handwärmer, der sich wieder aufladen lässt und bei kaltem Wetter für warme Hände sorgt.

Wintermütze mit Bluetooth-Kopfhörern (ca. 40€)

Diese Wintermütze hält den Kopf warm und bietet gleichzeitig integrierte kabellose Kopfhörer für Musikgenuss unterwegs.

Griffige Winterhandschuhe (ca. 25€)

Wärmende Handschuhe, die ideal für Outdoor-Aktivitäten sind und durch spezielle Grip-Einsätze das Handling von Ausrüstung verbessern.

Mittlere Preisklasse (50-150€)

Wasserdichte Wanderstiefel (ca. 120€)

Hochwertige Wanderstiefel mit wasserdichtem Material, die bei jedem Wetter und auf jedem Untergrund sicheren Halt bieten.

Skibrille mit UV-Schutz (ca. 80€)

Eine Skibrille, die das Gesicht vor Wind, Schnee und UV-Strahlung schützt und gleichzeitig klare Sicht bei allen Wetterbedingungen bietet.

Thermo-Unterwäsche-Set (ca. 60€)

Dieses Set aus atmungsaktiver Thermounterwäsche hält auch bei eisigen Temperaturen warm und ist ideal für alle Winteraktivitäten.

Teure Outdoor-Geschenke (ab 150€)

Lawinenrucksack mit Sicherheitsausrüstung (ca. 400€)

Ein Rucksack, der nicht nur Platz für Ausrüstung bietet, sondern auch lebenswichtige Lawinenrettungsfunktionen für Abenteuer in den Bergen.

Langlaufski-Set (ca. 500€)

Dieses Set ist perfekt für Männer, die den Wintersport lieben. Es enthält alles, was man für das Langlaufen braucht, und bietet hohe Qualität und Stabilität.

Eisangel-Set (ca. 300€)

Für Männer, die das Angeln lieben, ist dieses Set ideal, um auch im Winter aktiv zu bleiben. Es enthält alles, was man für das Eisfischen braucht.

Top-Neuheiten für 2024

Solarbetriebene Outdoor-Laterne (ca. 120€)

Eine tragbare Outdoor-Laterne, die sich über Solarenergie auflädt und auch bei extremen Wetterbedingungen für ausreichend Licht sorgt.

Wärmebildkamera für Outdoor-Entdecker (ca. 300€)

Eine Wärmebildkamera, die auch bei Dunkelheit oder schwierigen Sichtverhältnissen nützliche Bilder liefert – ideal für Outdoor-Fans, die neue Wege erkunden möchten.

Elektronische Skischuhe mit Heizung (ca. 350€)

Diese innovativen Skischuhe haben eine integrierte Heizfunktion und bieten so maximalen Komfort auf der Piste.

Weitere Geschenkideen für Winter & Outdoor

Winddichte Sturmhaube (ca. 20€)

Eine vielseitige Sturmhaube, die das Gesicht und den Hals vor starkem Wind und Kälte schützt.

Schlitten für Erwachsene (ca. 50€)

Ein robuster Schlitten, der auch für Erwachsene geeignet ist und winterlichen Rodelspaß garantiert.

Winter-Fitness-Tracker (ca. 60€)

Ein spezieller Fitness-Tracker, der auch bei extremen Temperaturen zuverlässig funktioniert und Aktivitäten im Winter aufzeichnet.

Wasserdichter Rucksack (ca. 70€)

Ein Rucksack, der auch bei starkem Regen oder Schnee trocken bleibt und die Ausrüstung schützt.

Schneeschaufel mit Teleskopgriff (ca. 40€)

Eine kompakte und robuste Schaufel, die sich besonders bei Winterwanderungen oder beim Campen als nützlich erweist.

Campingkocher für kaltes Wetter (ca. 90€)

Ein tragbarer Campingkocher, der auch bei niedrigen Temperaturen zuverlässig funktioniert.

Eiskratzer mit Heizfunktion (ca. 30€)

Ein innovativer Eiskratzer, der Schnee und Eis dank der integrierten Heizfunktion schnell von der Windschutzscheibe entfernt.

GPS-Tracker für Outdoor-Abenteuer (ca. 100€)

Ein tragbarer GPS-Tracker, der bei Outdoor-Abenteuern hilft, den Überblick zu behalten und sicher den Weg zu finden.

Schneeanzug für extreme Temperaturen (ca. 150€)

Ein strapazierfähiger Schneeanzug, der bei besonders niedrigen Temperaturen wärmt und vor Wind und Wetter schützt.

Outdoor-Faltstuhl mit Isolierung (ca. 50€)

Ein bequemer, zusammenklappbarer Stuhl mit Isolierung, der auch bei kaltem Wetter gemütliche Sitzgelegenheiten bietet.

5

Kulinarische Genüsse

Für viele Männer geht Liebe auch durch den Magen. Ob Hobbykoch, Feinschmecker oder einfach nur Genießer – kulinarische Geschenke sind immer eine willkommene Überraschung. In diesem Kapitel findest du Geschenkideen, die von edlen Weinen über praktische Küchengeräte bis hin zu besonderen kulinarischen Erlebnissen reichen.

Geschenkideen im Fokus

Exklusive Whisky-Tasting-Box (ca. 120€)

Diese hochwertige Tasting-Box bietet eine Auswahl besonderer Whiskys aus verschiedenen Regionen der Welt und enthält detaillierte Informationen zu jedem Tropfen. Ein Erlebnisgeschenk für Liebhaber des edlen Tropfens.

Gourmet-Kochkurs für zwei (ca. 180€)

Ein Kochkurs, bei dem man gemeinsam mit einem Profi leckere Gerichte zaubert. Ideal für Paare oder Freunde, die ihre kulinarischen Fähigkeiten verbessern möchten.

Barista-Set für Kaffeeliebhaber (ca. 150€)

Ein Set mit allem, was man für den perfekten Kaffee zu Hause braucht – von der Espressomaschine bis zum Milchschaumaufschäumer. Perfekt für Männer, die ihre Liebe zu Kaffee auf die nächste Stufe heben wollen.

Günstige Geschenkideen (bis 50€)

Premium-Gewürzset (ca. 30€)

Ein Set aus verschiedenen, hochwertigen Gewürzen, die jedem Gericht das gewisse Etwas verleihen. Perfekt für Hobbyköche und Grillmeister.

Personalisierte Gravur auf einem Schneidebrett (ca. 40€)

Ein edles Holz-Schneidebrett mit persönlicher Gravur, das nicht nur nützlich, sondern auch ein Hingucker in der Küche ist.

Set mit Craft-Bieren (ca. 25€)

Eine Auswahl an handgebrauten Bieren aus kleinen Brauereien – ideal für Männer, die gerne neue Geschmacksrichtungen ausprobieren.

Mittlere Preisklasse (50-150€)

Exklusive Weinflaschen mit Verkostungsguide (ca. 100€)

Eine Auswahl an edlen Weinen mit einem Verkostungsführer, der durch die Welt der Aromen und Geschmacksnuancen führt.

Sous-vide Garer (ca. 120€)

Ein praktisches Küchengerät, das Fleisch, Fisch und Gemüse auf den Punkt gart. Ideal für Männer, die gerne experimentieren und perfektionieren.

Elektrischer Räucherofen (ca. 140€)

Dieser kompakte Räucherofen bringt das volle Aroma von geräuchertem Fisch, Fleisch oder Gemüse nach Hause – ideal für Grillfans und Feinschmecker.

Teure kulinarische Geschenke (ab 150€)

Luxusgrill mit Infrarotbrenner (ca. 600€)

Ein hochwertiger Grill, der mit Infrarottechnologie für gleichmäßige Hitzeverteilung sorgt und jedes BBQ zum Erfolg macht.

Kaffeemaschine mit Mahlwerk (ca. 500€)

Diese Kaffeemaschine mahlt frische Bohnen und sorgt für perfekten Kaffeegenuss. Perfekt für Männer, die Wert auf exzellenten Kaffee legen.

Gourmet-Dinner-Erlebnis (ca. 300€)

Ein Abendessen in einem Sterne-Restaurant – ein unvergessliches Erlebnis für Feinschmecker, die exquisite Küche zu schätzen wissen.

Top-Neuheiten für 2024

Molekularküche-Set (ca. 250€)

Mit diesem Set lassen sich kulinarische Erlebnisse wie in der gehobenen Gastronomie zu Hause nachstellen. Perfekt für experimentierfreudige Köche.

Smarter Weinkühler (ca. 180€)

Ein Weinkühler, der sich per App steuern lässt und immer die perfekte Temperatur für verschiedene Weinsorten hält.

Automatischer Brotbackautomat mit App-Steuerung (ca. 200€)

Ein innovativer Brotbackautomat, der das Backen erleichtert und sich sogar per App steuern lässt – ideal für Backfans.

Weitere Geschenkideen für kulinarische Genüsse

Trüffelöl-Set (ca. 40€)

Ein Set aus verschiedenen Trüffelölen, die jedes Gericht verfeinern und ihm einen Hauch von Luxus verleihen.

Edelstahl-Kochmesser (ca. 60€)

Ein scharfes und langlebiges Kochmesser, das in keiner Küche fehlen darf. Perfekt für ambitionierte Hobbyköche.

Gourmet-Schokolade-Set (ca. 35€)

Eine Auswahl handgefertigter Pralinen und Schokoladen – ideal für Naschkatzen und Liebhaber süßer Genüsse.

Whisky-Steine (ca. 25€)

Diese Steine halten den Whisky kühl, ohne ihn zu verwässern. Ein kleines, aber feines Geschenk für Whisky-Fans.

Käsefondue-Set (ca. 50€)

Ein praktisches Set für gemütliche Abende mit Käsefondue – perfekt für gemeinsame Stunden mit Freunden oder Familie.

Elektronisches Weinthermometer (ca. 30€)

Dieses praktische Gadget zeigt die exakte Temperatur des Weins an, um ihn optimal genießen zu können.

Burgerpresse für perfekte Patties (ca. 20€)

Eine handliche Presse, um Burgerpatties gleichmäßig und professionell zu formen. Ideal für Grillfreunde.

Aromatisierte Salze und Pfeffer (ca. 25€)

Ein Set aus verschiedenen, aromatisierten Salzen und Pfeffersorten, die jedes Gericht aufwerten.

Chilischoten-Growkit (ca. 35€)

Ein Set, um eigene Chilischoten zu Hause anzubauen – perfekt für Männer, die gerne mit Schärfe experimentieren.

Pasta-Maschine (ca. 70€)

Mit dieser Maschine lässt sich frische Pasta ganz einfach zu Hause herstellen. Ein Muss für italienische Küche-Liebhaber.

6

Mode & Accessoires

Männer legen zunehmend Wert auf Stil und Qualität, wenn es um Mode und Accessoires geht. Egal, ob es sich um elegante Kleidung für besondere Anlässe oder coole, alltägliche Accessoires handelt – mit den richtigen Geschenken kannst du ihm zu einem stilsicheren Auftritt verhelfen. In diesem Kapitel stellen wir Geschenkideen vor, die Männer gut aussehen lassen und dabei funktional bleiben.

Geschenkideen im Fokus

Hochwertiger Ledergürtel (ca. 100€)

Ein klassischer Ledergürtel in zeitlosem Design, der in keiner Garderobe fehlen darf. Er passt sowohl zu eleganten Outfits als auch zu lässigen Jeans-Looks.

Luxus-Armbanduhr (ca. 300€)

Eine stilvolle Armbanduhr ist mehr als nur ein Zeitmesser – sie ist ein Accessoire, das jedem Outfit eine elegante Note verleiht und einen bleibenden Eindruck hinterlässt.

Edle Lederaktentasche (ca. 250€)

Eine elegante und zugleich praktische Lederaktentasche, die genug Platz für Laptop und wichtige Unterlagen bietet. Perfekt für Beruf und Business.

Günstige Geschenkideen (bis 50€)

Personalisierte Manschettenknöpfe (ca. 40€)

Manschettenknöpfe mit einer individuellen Gravur – ein persönliches Geschenk, das zu jedem eleganten Outfit passt.

Stylische Sockenbox (ca. 30€)

Eine Box mit verschiedenen stylischen Socken, die jedem Outfit das gewisse Etwas verleihen. Perfekt als kleines, modisches Geschenk.

Minimalistische Geldbörse (ca. 25€)

Eine schlanke und funktionale Geldbörse, die Platz für Karten und Bargeld bietet, ohne dabei zu viel Platz in der Tasche einzunehmen.

Mittlere Preisklasse (50-150€)

Kaschmirschal (ca. 100€)

Ein edler Kaschmirschal, der in den Wintermonaten nicht nur warmhält, sondern auch für einen stilvollen Auftritt sorgt.

Eleganter Lederrucksack (ca. 150€)

Ein modischer Rucksack aus hochwertigem Leder, der sowohl im Alltag als auch im Büro eine gute Figur macht.

Designer-Sonnenbrille (ca. 120€)

Eine stilvolle Sonnenbrille von einem bekannten Designer – perfekt für Männer, die auch bei strahlendem Sonnenschein modisch punkten wollen.

Teure Modegeschenke (ab 150€)

Massgeschneiderter Anzug (ca. 700€)

Ein maßgeschneiderter Anzug ist das ultimative Geschenk für Männer, die Wert auf perfekte Passform und hochwertige Materialien legen.

Luxus-Armband (ca. 250€)

Ein edles Armband aus Silber oder Leder, das dezent, aber wirkungsvoll jedes Outfit aufwertet.

Lederstiefel in Handarbeit (ca. 400€)

Handgefertigte Lederstiefel sind nicht nur robust und langlebig, sondern auch stilvoll und bequem – ein Geschenk, das lange Freude bereitet.

Top-Neuheiten für 2024

Smarte Jacke mit integrierter Heizung (ca. 300€)

Eine innovative Jacke, die über eine integrierte Heizung verfügt und sich ideal für kalte Tage im Winter eignet. Per App steuerbar.

Selbstreinigende Sneaker (ca. 200€)

Diese neuen Sneaker reinigen sich automatisch und sind somit immer frisch und sauber – perfekt für Männer, die viel unterwegs sind.

Virtuelles Maßband für Online-Shopping (ca. 150€)

Ein smartes Gadget, das die genauen Körpermaße erfasst und so das Online-Shopping von Kleidung erleichtert – für eine perfekte Passform bei jedem Kauf.

Weitere Geschenkideen für Mode & Accessoires

Seidenkrawatte (ca. 50€)

Eine edle Seidenkrawatte in klassischem Design, die zu jedem Anzug passt und einen eleganten Look vervollständigt.

Schuhpflegeset (ca. 40€)

Ein Set mit allem, was man braucht, um Lederschuhe zu pflegen und ihnen Glanz zu verleihen. Perfekt für Männer, die Wert auf gepflegtes Schuhwerk legen.

Faltbarer Regenschirm (ca. 30€)

Ein kompakter und dennoch stabiler Regenschirm, der in jede Tasche passt und zuverlässig vor Regen schützt.

Wollmütze (ca. 25€)

Eine schlichte und warme Wollmütze, die in den Wintermonaten ein stilvolles

Accessoire für jeden Mann ist.

Lederarmband (ca. 50€)

Ein schlichtes, aber elegantes Lederarmband, das zu fast jedem Outfit passt und dezent den Stil unterstreicht.

Handschuhe aus Lammleder (ca. 70€)

Weiche und stilvolle Lederhandschuhe, die die Hände in den Wintermonaten warmhalten und dabei elegant aussehen.

Anzugtasche für Reisen (ca. 80€)

Eine praktische Tasche, die Anzüge bei Reisen knitterfrei hält und sie optimal transportiert.

Modische Hosenträger (ca. 40€)

Ein stylisches Accessoire für Männer, die gerne mit ihrem Look experimentieren und dabei auf klassische Elemente setzen.

Eleganter Hut (ca. 60€)

Ein klassischer Filzhut, der jedem Outfit einen Hauch von Eleganz verleiht und zeitlos stilvoll ist.

Smartwatch-Armband aus Leder (ca. 50€)

Ein hochwertiges Lederarmband, das eine Smartwatch aufwertet und für einen eleganteren Look sorgt.

7

Nachhaltige & umweltbewusste Geschenke

Nachhaltigkeit ist längst kein Trend mehr, sondern eine Lebenseinstellung, die für viele Männer zunehmend wichtiger wird. Ob im Alltag, bei der Wahl von Produkten oder bei der Freizeitgestaltung – umweltbewusste Geschenke erfreuen sich großer Beliebtheit. In diesem Kapitel findest du Geschenkideen, die nicht nur dem Beschenkten Freude bereiten, sondern auch die Umwelt schonen.

Geschenkideen im Fokus

Nachhaltige Sneaker aus recyceltem Material (ca. 120€)

Diese stylischen Sneaker werden aus recyceltem Kunststoff und nachhaltigen Materialien hergestellt. Sie sehen nicht nur gut aus, sondern setzen auch ein Zeichen für umweltbewusste Mode.

Solarbetriebene Powerbank (ca. 60€)

Eine Powerbank, die sich durch Sonnenenergie auflädt und damit völlig ohne Steckdose auskommt – perfekt für Outdoor-Abenteurer und Technikfans, die Wert auf Nachhaltigkeit legen.

Bambus-Zahnbürsten-Set (ca. 20€)

Ein umweltfreundliches Zahnbürstenset aus Bambus, das eine nachhaltige Alternative zu herkömmlichen Kunststoffzahnbürsten bietet und biologisch abbaubar ist.

Günstige Geschenkideen (bis 50€)

Trinkflasche aus Edelstahl (ca. 30€)

Eine wiederverwendbare Trinkflasche aus Edelstahl, die lange hält und dabei hilft, Plastikmüll zu reduzieren.

Bienenwachstücher als Frischhaltefolie-Ersatz (ca. 25€)

Ein umweltfreundlicher Ersatz für Plastikfolie, mit dem Lebensmittel frisch gehalten werden können, ohne die Umwelt zu belasten.

Nachhaltiges Notizbuch aus recyceltem Papier (ca. 20€)

Ein stylisches Notizbuch, das aus recyceltem Papier besteht und sich perfekt für den täglichen Gebrauch eignet.

Mittlere Preisklasse (50-150€)

Holz-Sonnenbrille (ca. 80€)

Eine Sonnenbrille, die aus nachhaltigem Holz gefertigt wurde und gleichzeitig stylisch und umweltfreundlich ist.

Rucksack aus recycelten Materialien (ca. 100€)

Ein robuster Rucksack, der aus recycelten PET-Flaschen hergestellt wurde – ideal für den täglichen Gebrauch oder Outdoor-Abenteuer.

Fair-Trade-Hoodie (ca. 90€)

Ein bequemer Hoodie aus nachhaltig produzierter Baumwolle, der unter fairen Arbeitsbedingungen hergestellt wurde und in jeder Garderobe gut ankommt.

Teure nachhaltige Geschenke (ab 150€)

E-Bike mit Solarladeoption (ca. 2000€)

Ein E-Bike, das sich auch mit einer Solaranlage aufladen lässt und so nicht nur mobil, sondern auch umweltfreundlich ist.

Solargrill (ca. 400€)

Ein Grill, der die Kraft der Sonne nutzt, um Speisen zu garen – ideal für umweltbewusste Grillfans, die auf Kohle und Gas verzichten möchten.

Nachhaltige Matratze aus natürlichen Materialien (ca. 600€)

Diese Matratze besteht aus natürlichen und nachhaltigen Materialien und sorgt nicht nur für einen erholsamen Schlaf, sondern ist auch gut für die Umwelt.

Top-Neuheiten für 2024

Kompostierbare Kopfhörer (ca. 120€)

Diese Kopfhörer bestehen aus kompostierbaren Materialien und sind damit ein echter Gamechanger im Bereich nachhaltiger Elektronik.

Wiederverwendbare Abschminkpads aus Bambus (ca. 40€)

Diese umweltfreundlichen Pads ersetzen Einweg-Wattepads und lassen sich nach Gebrauch einfach waschen und wiederverwenden.

Recycelbare Ladekabel (ca. 25€)

Ladekabel aus recyceltem Material, die eine nachhaltige Alternative zu herkömmlichen Kunststoffkabeln bieten.

Weitere Geschenkideen für nachhaltige & umweltbewusste Geschenke

Bambus-Besteckset (ca. 20€)

Ein tragbares Besteckset aus Bambus, das unterwegs eine nachhaltige Alternative zu Einwegbesteck bietet.

Bio-Kräuterpflanzenset (ca. 30€)

Ein Set zum Anbau von Kräutern zu Hause – biologisch, nachhaltig und ideal für Hobbygärtner.

Recycling-Schlüsselanhänger (ca. 15€)

Ein modischer Schlüsselanhänger, der aus recycelten Materialien hergestellt wurde und zeigt, dass Stil und Nachhaltigkeit Hand in Hand gehen können.

Nachhaltiges Portemonnaie (ca. 50€)

Ein Geldbeutel aus recyceltem Leder oder Kork, der umweltfreundlich und langlebig ist.

Wiederverwendbare Einkaufstaschen (ca. 20€)

Eine modische und umweltfreundliche Alternative zu Plastiktüten, die immer wieder verwendet werden kann.

Holzarmbanduhr (ca. 80€)

Eine Uhr, deren Gehäuse aus nachhaltigem Holz gefertigt wurde, die modisch und ökologisch wertvoll ist.

Ökologische Wandkalender aus recyceltem Papier (ca. 25€)

Ein stilvoller Wandkalender, der aus recyceltem Papier hergestellt wurde und gleichzeitig dekorativ und nachhaltig ist.

Recycelte Bluetooth-Lautsprecher (ca. 60€)

Ein tragbarer Lautsprecher, der aus recycelten Materialien besteht und gleichzeitig einen klaren Klang liefert.

Baumwoll-Turnbeutel (ca. 30€)

Ein praktischer Turnbeutel aus Bio-Baumwolle, der sich ideal für Sport oder den Alltag eignet.

Nachhaltiger Rasierhobel (ca. 40€)

Ein langlebiger Rasierhobel aus Metall, der eine nachhaltige Alternative zu Einwegrasierern bietet.

8

DIY-Geschenke zum Basteln

Selbstgemachte Geschenke sind eine besondere Möglichkeit, jemandem zu zeigen, wie viel Mühe und Herzblut man investiert hat. DIY-Geschenke (Do It Yourself) bieten nicht nur eine persönliche Note, sondern lassen auch der Kreativität freien Lauf. In diesem Kapitel findest du Ideen für DIY-Geschenke, die mit wenig Aufwand und viel Liebe selbst hergestellt werden können.

Geschenkideen im Fokus

Personalisierter Schlüsselanhänger aus Leder (ca. 20€)

Ein einfacher, aber stilvoller Schlüsselanhänger aus Leder, der mit Initialen oder einem persönlichen Spruch graviert werden kann. Perfekt für den täglichen Gebrauch und leicht selbst zu machen.

Selbstgemachtes Fotoalbum (ca. 30€)

Ein DIY-Fotoalbum, in dem man besondere Erinnerungen festhalten kann. Mit persönlichen Bildern und kleinen Notizen wird es zu einem einzigartigen Geschenk für jeden Anlass.

Handgemachtes Armband (ca. 15€)

Ein selbst gefertigtes Armband aus Leder, Kordeln oder Perlen, das einfach herzustellen ist und eine individuelle Note verleiht. Ideal als persönliches Accessoire.

Günstige DIY-Geschenkideen (bis 50€)

Selbstgemachte Duftkerzen (ca. 20€)

Duftkerzen lassen sich leicht zu Hause herstellen und individuell gestalten – mit verschiedenen Farben, Düften und Formen.

DIY-Badesalze (ca. 15€)

Mit natürlichen Zutaten und ätherischen Ölen lassen sich Badesalze herstellen, die Entspannung pur versprechen. Verpackt in einem schönen Glas sind sie ein perfektes Geschenk.

Individuell gestaltete Tassen (ca. 25€)

Mit speziellen Keramikfarben oder Stickern lassen sich einfache Tassen in einzigartige, personalisierte Geschenke verwandeln.

Mittlere Preisklasse (50-150€)

Selbstgebauter Weinhalter aus Holz (ca. 80€)

Ein rustikaler Weinhalter aus Holz, der mit etwas Geschick selbst gebaut werden kann. Ideal für Männer, die Wein schätzen und einen einzigartigen Platz zur Aufbewahrung ihrer Flaschen suchen.

DIY-Kräutergarten-Set (ca. 60€)

Mit diesem Set lassen sich verschiedene Kräuter zu Hause anbauen. Die Pflanzen werden in selbst gestalteten Töpfen großgezogen – perfekt für Hobbygärtner.

Personalisierte Lederhandschuhe (ca. 100€)

Ein Set aus hochwertigen Lederhandschuhen, das selbst mit Initialen oder einem kleinen Logo personalisiert werden kann – ein elegantes und individuelles Geschenk.

Teure DIY-Geschenke (ab 150€)

Handgefertigter Couchtisch aus Holz (ca. 300€)

Mit etwas handwerklichem Geschick lässt sich ein Couchtisch aus massivem Holz herstellen, der in jedem Wohnzimmer ein Highlight sein wird. Ein DIY-Projekt für geübte Heimwerker.

Selbstgebaute Gartenbank (ca. 250€)

Eine Gartenbank aus Holz ist ein schönes DIY-Projekt, das viel Freude bereiten kann – sowohl beim Bau als auch beim späteren Gebrauch im Garten oder auf der Terrasse.

Personalisierte Feuerstelle für den Garten (ca. 400€)

Eine Feuerstelle aus Metall, die man individuell gestalten und dekorieren kann. Sie wird zum Highlight bei jedem Outdoor-Abend und ist gleichzeitig funktional.

Top-Neuheiten für 2024

DIY-Marmorier-Set (ca. 50€)

Mit diesem Set können alltägliche Gegenstände wie Vasen, Tassen oder Bilderrahmen mit einer einzigartigen Marmor-Optik verziert werden – ein absoluter Trend im DIY-Bereich.

Holzbrand-Malset (ca. 70€)

Mit einem speziellen Brennstift lassen sich Holzoberflächen wie Schneidebretter oder Deko-Objekte individuell gestalten. Ein kreatives Geschenk für DIY-Fans.

Selbstklebende Fliesen für DIY-Wandprojekte (ca. 100€)

Diese selbstklebenden Fliesen machen das Verschönern von Küchen oder Bädern einfach und stilvoll – ohne aufwändige Renovierungsarbeiten.

Weitere DIY-Geschenkideen zum Basteln

Selbstgestaltete Bilderrahmen (ca. 20€)

Mit etwas Farbe und Kreativität lassen sich einfache Bilderrahmen in individuelle Kunstwerke verwandeln.

Handgemachte Seife (ca. 25€)

Natürliche Seifen mit ätherischen Ölen und pflegenden Inhaltsstoffen lassen sich zu Hause einfach herstellen und individuell verpacken.

DIY-Wanddeko aus Makramee (ca. 30€)

Makramee ist eine beliebte Technik, um Wanddekorationen zu kreieren. Dieses DIY-Projekt erfordert etwas Geduld, bietet aber ein tolles Endergebnis.

Selbstgegossene Betonvasen (ca. 40€)

Mit einfachen Mitteln lassen sich aus Beton moderne Vasen oder Pflanzentöpfe herstellen, die in jeder Wohnung ein stilvolles Accessoire darstellen.

Personalisierte Schlüsselbretter (ca. 30€)

Ein praktisches und stilvolles Schlüsselbrett, das selbst gestaltet und individuell dekoriert werden kann – ein einfaches, aber nützliches DIY-Geschenk.

Selbstgemachte Marmelade mit persönlichem Etikett (ca. 15€)

Hausgemachte Marmelade in hübschen Gläsern mit personalisierten Etiketten ist ein einfaches, aber sehr persönliches Geschenk.

Individuelle Kerzenhalter aus Holz (ca. 35€)

Aus Holzresten lassen sich rustikale Kerzenhalter für den Tisch oder das Wohnzimmer herstellen – perfekt für gemütliche Abende.

Selbstgenähte Kissenbezüge (ca. 40€)

Individuell gestaltete Kissenbezüge, die perfekt zur Inneneinrichtung passen, können leicht genäht und verziert werden.

Gesticktes Monogramm auf Handtüchern (ca. 25€)

Mit einer Stickerei lassen sich Handtücher, Bettwäsche oder Kissenbezüge mit einem persönlichen Monogramm veredeln.

DIY-Korkuntersetzer (ca. 20€)

Aus Kork lassen sich stylische Untersetzer gestalten, die nicht nur praktisch, sondern auch dekorativ sind.

9

DIY-Geschenke, selbst ist der Mann!

Manche Männer lieben es, selbst Hand anzulegen und eigene Projekte zu verwirklichen. DIY-Geschenke, bei denen er seine Kreativität und handwerklichen Fähigkeiten einsetzen kann, sind daher die perfekte Wahl. In diesem Kapitel findest du Geschenkideen, bei denen er das Geschenk selbst zusammenbauen, basteln oder gestalten kann.

Geschenkideen im Fokus

Modellbausatz für Autos oder Flugzeuge (ca. 80€)

Ein detaillierter Modellbausatz für Oldtimer-Autos, Flugzeuge oder Schiffe. Perfekt für Männer, die Geduld und Liebe zum Detail haben und gerne kleine Kunstwerke erschaffen.

Holzbausatz für ein Vogelhaus (ca. 40€)

Ein Bausatz, mit dem man ein Vogelhaus aus Holz selbst zusammenbauen und nach Wunsch bemalen kann. Ein ideales Projekt für den Gartenliebhaber.

DIY-Uhrmacher-Set (ca. 150€)

Ein Set, das alles enthält, was man braucht, um seine eigene Uhr zu bauen. Ideal für Technikfans und Uhrensammler, die sich an der Präzision und Schönheit eines Uhrwerks erfreuen.

Günstige DIY-Geschenkideen (bis 50€)

Bausatz für eine Lampe aus Holz (ca. 35€)

Eine Lampe, die aus vorgefertigten Holzteilen selbst zusammengebaut und individuell gestaltet werden kann – ideal für Bastler, die gleichzeitig ihre Wohnung verschönern wollen.

Messer-Bausatz (ca. 40€)

Ein Set, um ein eigenes Messer zu bauen, vom Griff bis zur Klinge. Perfekt für Outdoor-Fans oder Hobby-Köche, die ein einzigartiges Werkzeug besitzen wollen.

DIY-Fahrradreparaturset (ca. 25€)

Ein Set mit allen Werkzeugen und Teilen, die für kleinere Reparaturen am Fahrrad benötigt werden. Ein Muss für alle, die gerne selbst Hand anlegen.

Mittlere Preisklasse (50-150€)

DIY-Set für eine Feuerstelle (ca. 100€)

Ein Bausatz für eine kleine Feuerstelle im Garten oder auf der Terrasse. Mit einfachen Mitteln und etwas Geschick lässt sich ein gemütlicher Treffpunkt für kühle Abende schaffen.

Modellbausatz für ein Flugzeug (ca. 90€)

Ein detaillierter Bausatz, der es ermöglicht, ein Flugzeugmodell nachzubauen. Für Modellbau-Fans und Technikliebhaber eine tolle Herausforderung.

Werkbank-Bausatz (ca. 150€)

Ein Set, mit dem eine stabile Werkbank gebaut werden kann – ideal für Heimwerker, die sich eine eigene kleine Werkstatt einrichten möchten.

Teure DIY-Geschenke (ab 150€)

Grill-Bausatz aus Metall (ca. 300€)

Ein Grill, den man selbst aus vorgefertigten Metallteilen zusammenbauen kann. Nach dem Aufbau bietet er die perfekte Grundlage für BBQ-Abende im Garten.

E-Gitarren-Bausatz (ca. 400€)

Ein Bausatz, mit dem man seine eigene E-Gitarre zusammenbauen und individuell gestalten kann. Perfekt für Musikliebhaber und Bastler gleichermaßen.

Holzkajak-Bausatz (ca. 800€)

Dieser Bausatz ermöglicht es, ein eigenes Kajak aus Holz zu bauen. Ein ambitioniertes Projekt für geübte Handwerker, die ein echtes Unikat erschaffen möchten.

Top-Neuheiten für 2024

DIY-Roboter-Bausatz (ca. 150€)

Ein intelligenter Roboter-Bausatz, mit dem man einen funktionsfähigen Roboter zusammenbauen kann. Er eignet sich ideal für Technikfans und Tüftler.

Smart-Home-Lichtbausatz (ca. 120€)

Ein DIY-Bausatz, mit dem sich smarte Lichtinstallationen im Haus einrichten lassen. Perfekt für Technikliebhaber, die ihr Zuhause modernisieren möchten.

DIY-3D-Drucker (ca. 500€)

Ein Bausatz, mit dem man einen eigenen 3D-Drucker zusammenbauen kann. Ideal für kreative Köpfe, die ihre eigenen Projekte in die Realität umsetzen wollen.

Weitere DIY-Geschenkideen zum Selbstbauen

Bausatz für ein Vogelhäuschen (ca. 30€)

Mit diesem Set lässt sich ein Vogelhäuschen aus Holz einfach selbst zusammenbauen und bemalen.

DIY-Gewächshaus-Set (ca. 50€)

Ein Mini-Gewächshaus für den Balkon oder Garten, das selbst aufgebaut und bepflanzt werden kann.

Holz-Puzzle für Erwachsene (ca. 20€)

Ein kniffliges Holzpuzzle, das nicht nur das Gehirn trainiert, sondern auch ein schöner Zeitvertreib ist.

Bausatz für eine Holz-Uhr (ca. 70€)

Eine Uhr aus Holz, die man selbst zusammenbauen und gestalten kann. Ideal für handwerklich begabte Männer.

Solar-Bausatz für ein Ladegerät (ca. 40€)

Ein umweltfreundlicher Bausatz, mit dem man ein Solar-Ladegerät für Smartphones und andere kleine Geräte herstellen kann.

DIY-Kerzenmach-Set (ca. 25€)

Mit diesem Set können eigene Kerzen in verschiedenen Formen und Farben gegossen werden – ein einfaches, aber schönes Projekt.

Bausatz für einen Werkzeugkasten aus Holz (ca. 60€)

Ein stabiler Werkzeugkasten, der selbst aus Holz zusammengebaut werden kann. Perfekt für Heimwerker und DIY-Fans.

Modellbau-Set für eine Brücke (ca. 90€)

Ein technisches Modellbau-Set, das den Bau einer Brücke im Kleinformat ermöglicht – ideal für Technik-Fans.

Bausatz für ein Regal aus recyceltem Holz (ca. 100€)

Ein Regal, das aus recyceltem Holz hergestellt wird und selbst zusammengebaut werden kann – perfekt für eine nachhaltige Einrichtung.

DIY-Buchstützen aus Beton (ca. 35€)

Selbstgemachte Buchstützen aus Beton, die nicht nur praktisch sind, sondern auch als stylisches Deko-Element dienen.

10

Freizeit & Outdoor

Für viele Männer gibt es nichts Schöneres, als ihre Freizeit draußen zu verbringen. Ob beim Wandern, Campen, Radfahren oder einfach beim Erkunden der Natur – Outdoor-Abenteuer sind ein beliebtes Hobby. In diesem Kapitel findest du eine Auswahl an Geschenkideen, die das nächste Outdoor-Erlebnis zu einem unvergesslichen Abenteuer machen.

Geschenkideen im Fokus

Hochwertiges Zelt für Outdoor-Abenteuer (ca. 200€)

Ein leichtes, aber robustes Zelt, das sich einfach aufbauen lässt und sowohl bei Wanderungen als auch beim Camping Schutz bietet. Ideal für Männer, die gerne in der Natur unterwegs sind.

Wasserdichter Wanderrucksack (ca. 150€)

Dieser robuste und wasserdichte Rucksack ist der perfekte Begleiter für lange Wanderungen. Mit viel Stauraum und speziellen Fächern für Outdoor-Ausrüstung.

Trekkingstöcke mit Dämpfung (ca. 80€)

Leichte Trekkingstöcke mit einstellbarer Länge und Dämpfung, die Wanderungen über unwegsames Gelände erleichtern und die Gelenke schonen.

Günstige Outdoor-Geschenkideen (bis 50€)

Tragbarer Campingkocher (ca. 40€)

Ein kompakter Campingkocher, der sich leicht transportieren lässt und zuverlässig funktioniert – ideal für Outdoor-Köche.

Multifunktionales Taschenmesser (ca. 30€)

Ein klassisches Taschenmesser mit verschiedenen Funktionen wie Messer, Schere, Flaschenöffner und Schraubendreher – perfekt für Abenteuer in der Natur.

Isolierflasche aus Edelstahl (ca. 25€)

Eine robuste Isolierflasche, die Getränke über viele Stunden warm oder kalt hält – ideal für Wanderungen oder Radtouren.

Mittlere Preisklasse (50-150€)

Ultraleichte Camping-Hängematte (ca. 80€)

Eine leichte und einfach zu transportierende Hängematte, die sich ideal für Campingausflüge oder entspannte Stunden in der Natur eignet.

Fernglas mit Nachtsichtfunktion (ca. 120€)

Ein kompaktes Fernglas mit Nachtsichtfunktion, das Naturbeobachtungen auch in der Dämmerung oder bei schlechten Lichtverhältnissen ermöglicht.

Outdoor-Navigationsgerät (ca. 150€)

Ein GPS-Gerät, das speziell für Outdoor-Aktivitäten entwickelt wurde und zuverlässige Orientierung in abgelegenen Gebieten bietet.

Teure Outdoor-Geschenke (ab 150€)

Kajak für Flussabenteuer (ca. 400€)

Ein leichtes Kajak, das sich einfach transportieren lässt und für spannende Fluss- oder Seeabenteuer sorgt.

Hochwertiges Mountainbike (ca. 800€)

Ein stabiles Mountainbike, das auch auf anspruchsvollen Strecken hervorragende Leistungen bietet – perfekt für Radsportler und Outdoor-Fans.

Outdoor-Uhr mit GPS und Barometer (ca. 250€)

Eine robuste Outdoor-Uhr, die nicht nur die Zeit anzeigt, sondern auch GPS-Navigation und Wetterdaten liefert – ideal für lange Wanderungen oder Abenteuer in der Wildnis.

Top-Neuheiten für 2024

Solarbetriebene Powerbank für Outdoor-Abenteuer (ca. 100€)

Diese Powerbank lädt sich selbst mit Solarenergie auf und eignet sich perfekt für mehrtägige Outdoor-Trips ohne Zugang zu Strom.

Tragbare Solardusche (ca. 80€)

Eine umweltfreundliche Solardusche, die Wasser mit Sonnenenergie erwärmt – ideal für Camping-Ausflüge oder längere Aufenthalte in der Natur.

Outdoor-Schlafsack mit integrierter Heizung (ca. 200€)

Ein Schlafsack mit integrierter Heizung, der selbst bei extremen Temperaturen angenehm warm hält – perfekt für Winterabenteuer.

Weitere Geschenkideen für Freizeit & Outdoor-Abenteuer

Kompakter Campingstuhl (ca. 50€)

Ein zusammenklappbarer Campingstuhl, der leicht zu transportieren ist und bei Outdoor-Ausflügen für Komfort sorgt.

Wasserdichte Picknickdecke (ca. 40€)

Eine robuste und wasserdichte Picknickdecke, die ideal für Ausflüge und Pausen auf Wanderungen ist.

LED-Stirnlampe (ca. 30€)

Eine helle Stirnlampe, die bei nächtlichen Wanderungen oder beim Zelten für ausreichend Licht sorgt.

Outdoor-Kühlbox (ca. 70€)

Eine tragbare Kühlbox, die Essen und Getränke über Stunden kühl hält –

perfekt für lange Ausflüge oder Campingtrips.

Survival-Kit (ca. 40€)

Ein kleines, aber umfassendes Survival-Kit mit Erste-Hilfe-Ausrüstung, Feuerstarter, Seil und Kompass – ein Muss für Outdoor-Abenteurer.

Kompakter Gaskocher (ca. 60€)

Ein kleiner, aber leistungsstarker Gaskocher, der für warme Mahlzeiten im Freien sorgt.

Trockentasche für Wertsachen (ca. 30€)

Eine wasserdichte Tasche, die wichtige Wertsachen wie Handy, Geld oder Ausweise bei Regen oder Wassersport schützt.

Wander-Gamaschen (ca. 30€)

Gamaschen, die verhindern, dass Schmutz, Wasser oder Schnee in die Schuhe eindringt – ideal für Wanderungen in unwegsamem Gelände.

Wasserdichte Handyhülle (ca. 25€)

Eine strapazierfähige Handyhülle, die das Smartphone bei Outdoor-Aktivitäten vor Wasser, Staub und Schmutz schützt.

Faltbarer Campingtisch (ca. 70€)

Ein leichter und zusammenklappbarer Tisch, der bei Picknicks oder Campingausflügen für zusätzlichen Komfort sorgt.

11

Werkzeugsets

Für Männer, die gerne handwerken oder kleine Projekte im Haus oder Garten selbst in die Hand nehmen, sind gut durchdachte Werkzeugsets die perfekte Wahl. Sie bieten alles, was man für Reparaturen oder DIY-Projekte braucht, und kommen oft in praktischen Aufbewahrungslösungen daher. In diesem Kapitel findest du eine Auswahl an Werkzeugsets, die sowohl für Einsteiger als auch für erfahrene Handwerker geeignet sind.

Geschenkideen im Fokus

Komplettes Werkzeugset für Heimwerker (ca. 150€)

Ein umfassendes Set mit allem, was man für den Einstieg in kleine Reparaturen oder DIY-Projekte benötigt. Es enthält Schraubendreher, Zangen, Hammer, Maßband und viele weitere nützliche Werkzeuge.

Akkuschrauber-Set mit Zubehör (ca. 120€)

Ein Akkuschrauber ist ein Muss in jedem Haushalt. Dieses Set enthält nicht nur den Schrauber selbst, sondern auch verschiedene Aufsätze und Bits, die für jede Schraubarbeit geeignet sind.

Präzisionswerkzeugset für Elektronik (ca. 80€)

Speziell für die Reparatur von Smartphones, Computern und anderen elektronischen Geräten bietet dieses Set alle notwendigen Werkzeuge – von kleinen Schraubendrehern bis hin zu Pinzetten und Hebelwerkzeugen.

Günstige Werkzeug-Geschenkideen (bis 50€)

Kompaktes Schraubendreher-Set (ca. 25€)

Ein praktisches Set mit verschiedenen Schraubendrehern, das in keiner Werkzeugkiste fehlen darf. Perfekt für den täglichen Gebrauch im Haushalt.

Mini-Ratschen-Set (ca. 40€)

Ein kleines Ratschen-Set mit verschiedenen Aufsätzen für enge oder schwer zugängliche Stellen. Ideal für präzises Arbeiten in beengten Räumen.

Zangen-Set (ca. 30€)

Ein Set mit verschiedenen Zangenarten – von der Spitzzange bis zur Kombizange – ideal für Heimwerker, die flexibel bleiben wollen.

Mittlere Preisklasse (50-150€)

Mechaniker-Werkzeugset (ca. 100€)

Ein umfangreiches Set, das speziell für die Wartung von Autos und Motorrädern entwickelt wurde. Enthält Ratschen, Steckschlüssel und andere Werkzeuge für den technischen Einsatz.

Elektriker-Werkzeugset (ca. 80€)

Dieses Set enthält alles, was man für elektrische Arbeiten im Haushalt benötigt, inklusive isolierter Schraubendreher, Spannungsprüfer und Abisolierzangen.

Bit- und Bohrerset für Akkuschrauber (ca. 60€)

Ein umfassendes Set mit verschiedenen Bohr- und Schraubaufsätzen, das sich perfekt für Akkuschrauber eignet und ideal für unterschiedliche Materialien wie Holz, Metall oder Kunststoff ist.

Teure Werkzeugsets (ab 150€)

Werkzeugkoffer mit über 200 Teilen (ca. 250€)

Ein hochwertiger Werkzeugkoffer, der über 200 Teile enthält und damit alle möglichen Reparatur- und Bauarbeiten abdeckt. Perfekt für erfahrene Handwerker, die eine umfassende Ausrüstung suchen.

Akku-Bohrhammer-Set (ca. 300€)

Ein leistungsstarkes Set, das nicht nur den Akku-Bohrhammer enthält, sondern auch verschiedene Bohrer und Aufsätze für schwere Arbeiten in Beton und Mauerwerk.

Profi-Werkzeugwagen mit kompletter Ausstattung (ca. 600€)

Ein professioneller Werkzeugwagen, der mit allen notwendigen Werkzeugen ausgestattet ist und sich ideal für Werkstätten und ambitionierte Heimwerker eignet.

Top-Neuheiten für 2024

Elektronisches Drehmomentschlüssel-Set (ca. 200€)

Ein digitales Drehmomentschlüssel-Set, das eine präzise Einstellung ermöglicht und bei empfindlichen Arbeiten wie an Motoren oder Maschinen unverzichtbar ist.

Smarte Werkzeugbox mit App-Steuerung (ca. 150€)

Eine innovative Werkzeugbox, die sich per App verwalten lässt und Informationen über den Inhalt sowie eine Standortbestimmung der Werkzeuge bietet.

Multifunktionales Werkzeug mit eingebautem Laser (ca. 100€)

Ein multifunktionales Werkzeug, das neben den üblichen Funktionen wie Messen und Schneiden auch einen Laser zur genauen Ausrichtung bietet.

Weitere Werkzeugset-Geschenkideen

Magnetisches Werkzeug-Organizer-Set (ca. 40€)

Ein Organizer-Set, das Werkzeuge magnetisch anordnet und damit immer griffbereit hält – perfekt für die Werkstatt.

Rollende Werkzeugtasche (ca. 50€)

Eine strapazierfähige Tasche auf Rollen, die alle wichtigen Werkzeuge transportiert und leicht bewegt werden kann – ideal für Handwerker, die viel unterwegs sind.

Spezialwerkzeug-Set für Fahrradreparaturen (ca. 60€)

Ein Set mit Spezialwerkzeugen für die Wartung und Reparatur von Fahrrädern – ein Muss für Radfahrer und Bastler.

Handschleifer-Set für Holzarbeiten (ca. 45€)

Ein Set aus verschiedenen Handschleifern, die sich besonders gut für Holzarbeiten und Oberflächenbearbeitung eignen.

Multitool-Set für Outdoor-Abenteuer (ca. 35€)

Ein vielseitiges Multitool mit verschiedenen Werkzeugfunktionen wie Messer, Zange, Säge und Schraubendreher – ideal für Outdoor-Fans.

Drehmomentschlüssel-Set für den Heimgebrauch (ca. 70€)

Ein Set, das präzises Arbeiten bei Schraubverbindungen ermöglicht und besonders für Arbeiten am Auto oder Fahrrad nützlich ist.

Bohrmaschinen-Set mit Zubehör (ca. 100€)

Ein Set mit Bohrmaschine und einer Auswahl an Bohraufsätzen für unterschiedliche Materialien – ideal für Heimwerkerprojekte.

Wandmontage-Werkzeughalter (ca. 30€)

Ein praktischer Halter, der an der Wand befestigt wird und Werkzeuge übersichtlich und griffbereit aufbewahrt.

Elektronisches Messwerkzeug-Set (ca. 80€)

Ein Set mit digitalem Messschieber, Laserentfernungsmesser und Wasserwaage – perfekt für präzise Messarbeiten.

Werkzeuggürtel mit vielen Fächern (ca. 50€)

Ein robuster Werkzeuggürtel, der Platz für alle notwendigen Werkzeuge bietet und dabei die Hände frei lässt – ideal für Arbeiten auf Baustellen oder im Garten.

12

Abenteuer & Action

Für Männer, die den Nervenkitzel lieben und gerne das Adrenalin spüren, sind Abenteuer- und Action-Geschenke genau das Richtige. Egal ob Motorsport, Fallschirmspringen oder Bootstouren – Erlebnisgeschenke bieten einzigartige Momente, die man nicht so schnell vergisst. In diesem Kapitel findest du eine Auswahl an spannenden Aktivitäten und Erlebnissen, die für jeden Actionliebhaber das Herz höher schlagen lassen.

Geschenkideen im Fokus

Fallschirmspringen-Tandemsprung (ca. 250€)

Ein Tandemsprung aus einem Flugzeug ist das ultimative Abenteuer für Adrenalinjunkies. Gesichert an einem erfahrenen Fallschirmspringer, erlebt man den freien Fall und die atemberaubende Aussicht, bevor man sanft auf dem Boden landet.

Motorsport-Erlebnis auf der Rennstrecke (ca. 300€)

Hier kann man selbst einmal in einem echten Rennwagen auf einer professionellen Rennstrecke Gas geben. Unter Anleitung von Profis erlernt man die besten Techniken für das Fahren auf Höchstgeschwindigkeit.

Offroad-Fahrtraining im Geländewagen (ca. 200€)

Mit einem robusten Geländewagen geht es über Stock und Stein – ein Offroad-Fahrtraining vermittelt die Grundlagen und Techniken, um auch auf schwierigen Wegen souverän unterwegs zu sein.

Günstige Abenteuer-Geschenkideen (bis 50€)

Indoor-Kletterkurs (ca. 40€)

Für Einsteiger oder Fortgeschrittene ist ein Kletterkurs in einer Indoor-Kletterhalle ein spannendes Erlebnis. Hier werden grundlegende Techniken vermittelt und die Teilnehmer können sich beim Klettern an Wänden auspowern.

Bogenschießen-Erlebnis (ca. 35€)

Ein professionell angeleiteter Bogenschießkurs bietet nicht nur Spaß, sondern auch eine gute Gelegenheit, seine Zielgenauigkeit zu verbessern.

Escape Room Erlebnis (ca. 25€)

Ein Escape Room ist eine interaktive Herausforderung, bei der man mit Freunden oder der Familie Rätsel lösen muss, um innerhalb einer vorgegebenen Zeit aus einem thematischen Raum zu entkommen.

Mittlere Preisklasse (50-150€)

Rafting-Abenteuer (ca. 120€)

Ein spannendes Wildwasser-Rafting-Abenteuer auf einem reißenden Fluss. Gemeinsam mit einem Team durchquert man Stromschnellen und erlebt die Kraft der Natur hautnah.

Quad-Tour durch die Natur (ca. 100€)

Auf einem Quad geht es querfeldein durch anspruchsvolles Gelände. Eine geführte Tour bietet nicht nur Action, sondern auch atemberaubende Naturerlebnisse.

Indoor-Skydiving (ca. 80€)

Indoor-Skydiving simuliert den freien Fall in einem Windkanal – eine großartige Alternative zum Fallschirmspringen und ideal für Einsteiger, die den Nervenkitzel erleben möchten.

Teure Abenteuer-Geschenke (ab 150€)

Fallschirmsprungkurs (ca. 800€)

Wer das Fallschirmspringen lieben lernt, kann mit einem professionellen Kurs seine Lizenz erwerben und eigenständig springen. Hier wird alles von der Theorie bis zur Praxis unter professioneller Aufsicht vermittelt.

Hubschrauber-Rundflug (ca. 350€)

Ein Hubschrauberflug über die schönsten Landschaften bietet ein unvergessliches Erlebnis. Aus der Vogelperspektive lassen sich beeindruckende Panoramen und Städte bestaunen.

Segelkurs auf hoher See (ca. 600€)

Ein mehrtägiger Segelkurs, bei dem man lernt, ein Segelboot zu steuern und die Freiheit auf dem Meer zu genießen. Perfekt für Männer, die das Abenteuer auf dem Wasser lieben.

Top-Neuheiten für 2024

Jetpack-Fliegen (ca. 500€)

Ein futuristisches Erlebnis, bei dem man mit einem Jetpack durch die Luft fliegt. Diese Aktivität bietet eine einmalige Gelegenheit, sich wie ein echter Actionheld zu fühlen.

Survival-Training in der Wildnis (ca. 300€)

Ein Survival-Kurs, bei dem man lernt, wie man in der Wildnis überlebt – inklusive Feuer machen, Unterschlupf bauen und Nahrung finden. Ein echtes Abenteuer für Outdoor-Fans.

U-Boot-Tour (ca. 400€)

Eine geführte Tour in einem echten U-Boot, bei der man die Welt unter der Meeresoberfläche erkunden kann. Ideal für Männer, die das Unbekannte entdecken wollen.

Weitere Geschenkideen für Abenteuer & Action

Bungee-Jumping-Erlebnis (ca. 100€)

Ein Sprung von einer Brücke oder einem Kran – beim Bungee-Jumping erlebt man das Adrenalin pur und stürzt sich in die Tiefe, gesichert nur durch ein Gummiseil.

Höhlentour (ca. 50€)

Eine geführte Tour durch unterirdische Höhlen, bei der man faszinierende Gesteinsformationen und enge Passagen erkundet – ein aufregendes Abenteuer unter der Erde.

Ziplining-Tour (ca. 70€)

Beim Ziplining geht es mit hoher Geschwindigkeit an einem Drahtseil durch die Baumwipfel. Eine aufregende Mischung aus Abenteuer und Naturerlebnis.

Tauchkurs für Anfänger (ca. 150€)

Ein Einstieg in die Unterwasserwelt mit einem Tauchkurs für Anfänger. Hier lernt man die Grundlagen des Tauchens und kann faszinierende Unterwasserwelten entdecken.

Co-Pilot in einem Kampfjet (ca. 800€)

Für echte Adrenalinjunkies gibt es die Möglichkeit, als Co-Pilot in einem Kampfjet Platz zu nehmen und die Geschwindigkeit und Manövrierfähigkeit eines echten Jets hautnah zu erleben.

Eiswandklettern (ca. 120€)

Für Abenteuer in den Bergen bietet sich das Klettern an einer Eiswand an – eine herausfordernde Aktivität, bei der Kraft und Technik gefragt sind.

Speedbootfahrt (ca. 100€)

Mit einem schnellen Boot über das Wasser rasen und den Wind im Gesicht spüren – eine aufregende Aktivität, die für Nervenkitzel sorgt.

Go-Kart-Rennen (ca. 60€)

Ein rasantes Go-Kart-Rennen mit Freunden oder der Familie bietet Spannung und Action auf der Rennstrecke.

Canyoning-Tour (ca. 150€)

Beim Canyoning geht es durch Schluchten, über Felsen und durch Wasserfälle – eine Mischung aus Wandern, Klettern und Schwimmen, die jede Menge Action bietet.

Paragliding-Erlebnis (ca. 200€)

Schweben wie ein Vogel – Paragliding bietet eine atemberaubende Aussicht und das Gefühl von Freiheit in der Luft.

13

Sport & Fitness (Kurse)

Für Männer, die gerne fit bleiben oder sportliche Herausforderungen lieben, sind Fitness- und Outdoor-Geschenke eine großartige Möglichkeit, ihren aktiven Lebensstil zu unterstützen. Ob es um individuelle Trainingsprogramme oder spannende Outdoor-Abenteuer geht – in diesem Kapitel findest du eine Auswahl an Sport- und Fitness-Geschenken, die sowohl für Einsteiger als auch für erfahrene Sportler geeignet sind.

Geschenkideen im Fokus

Personal Training-Sessions (ca. 300€ für 5 Sitzungen)

Ein Personal Trainer erstellt ein maßgeschneidertes Fitnessprogramm und begleitet den Sportler Schritt für Schritt bei der Umsetzung. Dieses individuell abgestimmte Coaching ist ideal für Männer, die ihre Fitnessziele effizient und professionell erreichen möchten.

Outdoor-Survival-Kurs (ca. 250€)

Ein intensiver Kurs, bei dem grundlegende Überlebensfähigkeiten wie Feuer machen, Orientierung in der Wildnis und der Bau eines Unterschlupfs vermittelt werden. Perfekt für Männer, die ihre Outdoor-Kompetenzen erweitern möchten.

Wanderführungen mit einem Guide (ca. 100€)

Geführte Wanderungen durch atemberaubende Natur, bei denen ein erfahrener Guide nicht nur die besten Routen zeigt, sondern auch Wissen über die Flora und Fauna vermittelt. Ein ideales Geschenk für Natur- und Wanderliebhaber.

Günstige Sport-Geschenkideen (bis 50€)

Gruppen-Fitnesskurs (ca. 30€)

Ein dynamischer Gruppen-Fitnesskurs, bei dem man gemeinsam mit anderen trainiert und motiviert wird. Diese Kurse sind ideal für Männer, die ihre Fitness in der Gruppe verbessern möchten.

Laufschule (ca. 40€)

Ein Kurs, der das Laufen von Grund auf lehrt und dabei hilft, Technik und Ausdauer zu verbessern. Perfekt für Einsteiger, die sicher und effektiv mit dem Laufen beginnen möchten.

Yoga-Klasse für Männer (ca. 25€)

Yoga ist eine hervorragende Methode, um Flexibilität und mentale Ruhe zu fördern. In dieser speziell für Männer ausgerichteten Klasse werden die Grundlagen des Yoga in einer entspannten Atmosphäre vermittelt.

Mittlere Preisklasse (50-150€)

Fitness-Coaching (ca. 120€ für 3 Sitzungen)

Ein individuelles Coaching, bei dem der Trainer einen maßgeschneiderten Trainingsplan erstellt und den Sportler regelmäßig begleitet. Ideal für Männer, die ihre Fitnessziele professionell angehen möchten.

Kletterkurs im Freien (ca. 100€)

Ein Outdoor-Kletterkurs, bei dem die Grundlagen des Kletterns in natürlicher Umgebung vermittelt werden. Ideal für Männer, die eine neue Herausforderung suchen und gerne draußen aktiv sind.

Mountainbike-Tour mit Guide (ca. 150€)

Eine geführte Mountainbike-Tour durch anspruchsvolles Gelände, bei der man seine Fähigkeiten auf dem Rad verbessern kann. Perfekt für sportliche Männer, die neue Strecken erkunden wollen.

Teure Sport- und Fitnessgeschenke (ab 150€)

Personalisiertes Fitness-Camp (ca. 500€ für eine Woche)

Ein intensives Fitness-Camp, bei dem Männer eine Woche lang unter professioneller Anleitung trainieren und ihre Fitness auf ein neues Level heben können. Enthält sowohl individuelle Workouts als auch Gruppensitzungen.

Triathlon-Trainingsprogramm (ca. 300€)

Ein umfassendes Trainingsprogramm für Männer, die sich auf einen Triathlon vorbereiten möchten. Dieses Programm enthält alles, was man braucht, um in den Disziplinen Schwimmen, Radfahren und Laufen zu trainieren.

Outdoor-Abenteuertag mit Fitness-Coach (ca. 250€)

Ein ganzer Tag voller Outdoor-Aktivitäten, bei dem man von einem Fitness-Coach begleitet wird. Ob Klettern, Wandern oder Survival-Training – dieses Erlebnis verbindet Fitness und Abenteuer.

Top-Neuheiten für 2024

Virtuelles Fitness-Coaching (ca. 150€)

Ein innovatives Fitness-Coaching, das per Videoanruf durchgeführt wird. Der Coach erstellt Trainingspläne und begleitet den Sportler digital – ideal für Männer, die flexibel trainieren wollen.

Wearable Fitness-Tracker mit KI-Analyse (ca. 200€)

Ein fortschrittlicher Fitness-Tracker, der nicht nur die üblichen Daten wie Schritte und Kalorien misst, sondern auch eine KI-gestützte Analyse der Trainingsdaten durchführt und maßgeschneiderte Empfehlungen gibt.

Digitale Wanderkarte mit interaktiver Navigation (ca. 100€)

Eine digitale Karte, die speziell für Wanderer entwickelt wurde. Sie zeigt nicht nur Routen an, sondern liefert auch interaktive Informationen über die Umgebung und unterstützt bei der Planung von Wanderungen.

Weitere Geschenkideen für Sport & Fitness

Kettlebell-Set (ca. 60€)

Ein Set mit verschiedenen Kettlebells, die sich ideal für funktionelles Training und den Muskelaufbau eignen. Perfekt für Männer, die zu Hause trainieren möchten.

Boxsack mit Handschuhen (ca. 100€)

Ein hochwertiger Boxsack inklusive Boxhandschuhen für intensives Boxtraining zu Hause – ideal, um sich fit zu halten und gleichzeitig Stress abzubauen.

Fitness-Gutschein für einen Bootcamp-Kurs (ca. 70€)

Ein Gutschein für einen intensiven Bootcamp-Kurs, der draußen stattfindet und die körperliche Fitness in den Mittelpunkt stellt. Perfekt für Männer, die sich einer sportlichen Herausforderung stellen wollen.

TRX-Band für Ganzkörpertraining (ca. 80€)

Ein vielseitiges Trainingsgerät, das das Eigengewicht nutzt, um den ganzen Körper zu trainieren. Ideal für Männer, die flexibel und effektiv zu Hause oder im Freien trainieren möchten.

Ernährungsberatung für Sportler (ca. 100€)

Ein individueller Ernährungsplan, der auf die Bedürfnisse von Sportlern abgestimmt ist und ihnen hilft, ihre Ziele schneller zu erreichen. Ideal für Männer, die ihre Ernährung optimieren wollen.

Schwimmkurs für Erwachsene (ca. 50€)

Ein Schwimmkurs, der speziell für Erwachsene ausgelegt ist und die Technik sowie Ausdauer im Wasser verbessert. Perfekt für Männer, die ihre Schwimmfähigkeiten auf das nächste Level heben möchten.

Outdoor-Fitness-Rucksack (ca. 70€)

Ein Rucksack, der speziell für Outdoor-Aktivitäten und Fitness entwickelt wurde. Mit Platz für Wasserflaschen, Fitnessausrüstung und vielem mehr – ideal für Männer, die gerne draußen trainieren.

Stand-Up-Paddle-Kurs (ca. 90€)

Ein Kurs, der die Grundlagen des Stand-Up-Paddlings vermittelt und dabei hilft, das Gleichgewicht und die Kraft zu trainieren – ideal für sportliche Männer, die eine neue Wassersportart ausprobieren möchten.

Lauf-Coaching für Marathonvorbereitung (ca. 150€)

Ein individuelles Coaching, das Männer auf einen Marathon vorbereitet. Hier wird sowohl die Technik als auch die Ausdauer trainiert, um das Ziel sicher zu erreichen.

Slackline-Set für den Garten (ca. 50€)

Ein Set, das es ermöglicht, im Garten oder im Park das Balancieren auf der Slackline zu üben – ein perfektes Geschenk für Männer, die an ihrer Balance und Koordination arbeiten möchten.

14

Kulinarische Erlebnisse

Kulinarische Erlebnisse sind eine wunderbare Möglichkeit, Genuss und Abenteuer miteinander zu verbinden. Ob es sich um ein Wein- oder Whisky-Tasting, einen Kochkurs oder ein Gourmet-Dinner handelt – solche Erlebnisse bieten unvergessliche Momente und lassen Feinschmecker und Hobbyköche gleichermaßen auf ihre Kosten kommen. In diesem Kapitel findest du eine Auswahl an Geschenkideen, die das Herz jedes Genießers höherschlagen lassen.

Geschenkideen im Fokus

Wein-Tasting mit Sommelier (ca. 100€)

Ein exklusives Wein-Tasting, bei dem verschiedene Weinsorten unter Anleitung eines Sommeliers verkostet werden. Ideal für Weinliebhaber, die mehr über Rebsorten, Aromen und die richtige Verkostung lernen möchten.

Whisky-Tasting in der Brennerei (ca. 150€)

Ein Besuch in einer Whisky-Brennerei, bei dem verschiedene Whiskysorten probiert werden und die Herstellung des edlen Tropfens erklärt wird. Perfekt für Männer, die sich für hochwertige Spirituosen interessieren.

Gourmet-Dinner in einem Sterne-Restaurant (ca. 300€)

Ein exquisites Abendessen in einem renommierten Sterne-Restaurant, bei dem feinste Küche und herausragender Service geboten werden. Ein Geschenk, das einen unvergesslichen kulinarischen Abend garantiert.

Günstige kulinarische Geschenkideen (bis 50€)

Käse- und Wein-Tasting (ca. 40€)

Eine harmonische Kombination aus ausgewählten Käsesorten und dazu passenden Weinen. Dieses Tasting ist ideal für Genießer, die mehr über die Kunst der Wein- und Käsekombination erfahren möchten.

Schokoladen-Tasting (ca. 30€)

Ein Tasting, bei dem hochwertige Schokoladen aus verschiedenen Anbaugebieten verkostet werden. Perfekt für Naschkatzen und alle, die sich für die Welt der Kakaobohnen interessieren.

Kulinarische Stadtführung (ca. 50€)

Eine geführte Tour durch die besten Restaurants, Märkte und Cafés einer Stadt. Dabei kann man nicht nur verschiedene Köstlichkeiten probieren, sondern erfährt auch viel über die lokale Esskultur.

Mittlere Preisklasse (50-150€)

Grillseminar für Fleischliebhaber (ca. 100€)

Ein Grillseminar, bei dem verschiedene Fleischsorten auf den Punkt zubereitet werden. Unter Anleitung eines Grillprofis lernt man die besten Techniken und Tipps für das perfekte BBQ.

Sushi-Kochkurs (ca. 120€)

Ein Kochkurs, bei dem man die Kunst des Sushi-Rollens erlernt – von der Auswahl der Zutaten bis hin zur richtigen Technik. Ideal für Männer, die gerne selbst kreativ in der Küche werden.

Gourmet-Stadtführung mit Verkostungen (ca. 150€)

Eine kulinarische Stadtführung, bei der man die Highlights der lokalen Küche entdeckt und in verschiedenen Restaurants und Cafés kleine Häppchen und Getränke probieren kann.

Teure kulinarische Geschenke (ab 150€)

Exklusiver Kochkurs mit Spitzenkoch (ca. 250€)

Ein Kochkurs, bei dem ein Spitzenkoch sein Wissen und seine Techniken vermittelt. Die Teilnehmer kochen unter Anleitung exquisite Gerichte und erfahren die Geheimnisse der gehobenen Küche.

Wein-Wochenende in einem Weingut (ca. 400€)

Ein Wochenende auf einem Weingut, inklusive Übernachtung und Weinverkostung. Hier erfährt man alles über die Kunst des Weinbaus und genießt dazu regionale Spezialitäten.

Private Whisky-Verkostung mit Tasting-Set (ca. 300€)

Ein privates Whisky-Tasting für zu Hause, bei dem ein Experte verschiedene Sorten vorstellt. Perfekt für Männer, die ihre eigene Sammlung erweitern oder mehr über Whisky lernen möchten.

Top-Neuheiten für 2024

Virtuelles Koch-Event mit Spitzenkoch (ca. 150€)

Ein interaktives Koch-Event, bei dem man von einem Spitzenkoch live angeleitet wird – und das alles bequem von zu Hause aus. Die Teilnehmer bekommen die Zutaten vorab geliefert und kochen gemeinsam über einen Videocall.

Digitales Wein-Tasting mit einem Sommelier (ca. 100€)

Ein virtuelles Wein-Tasting, bei dem man Weine zu Hause probiert und dabei live von einem Sommelier angeleitet wird. Ideal für alle, die an einem exklusiven Tasting teilnehmen wollen, ohne das Haus zu verlassen.

Kreatives Cocktail-Workshop-Set für zu Hause (ca. 120€)

Ein Workshop-Set, das alles enthält, was man braucht, um die Kunst der Cocktailherstellung zu erlernen – inklusive Rezepten, Zutaten und einer virtuellen Anleitung durch einen Profi.

Weitere Geschenkideen für kulinarische Erlebnisse

Bierbraukurs (ca. 80€)

Ein Kurs, bei dem man lernt, sein eigenes Bier zu brauen – vom Malz bis zum fertigen Gebräu. Ein Muss für Männer, die sich für handwerklich gebrautes Bier begeistern.

Pasta-Kochkurs (ca. 70€)

Ein Kurs, in dem man die Grundlagen der Pasta-Herstellung erlernt – von der Teigzubereitung bis zur Formgebung. Ideal für Liebhaber der italienischen Küche.

Barista-Workshop (ca. 90€)

Ein Kurs, bei dem man die Kunst der Kaffeezubereitung erlernt – vom perfekten Espresso bis zum kunstvollen Milchschaum. Perfekt für Männer, die gerne selbst den besten Kaffee zubereiten wollen.

Wildkräuterwanderung mit Verkostung (ca. 60€)

Eine Wanderung mit einem erfahrenen Kräuterexperten, bei der man lernt, essbare Wildkräuter zu erkennen und zu verwenden. Abgeschlossen wird die Wanderung mit einer Verkostung der gesammelten Schätze.

Fleisch-Sommelier-Kurs (ca. 150€)

Ein Kurs, der sich ganz dem Thema Fleisch widmet – von der Auswahl der besten Fleischstücke bis hin zu den verschiedenen Zubereitungsmethoden. Perfekt für Grillfans und Fleischliebhaber.

Gin-Tasting (ca. 70€)

Ein Tasting, bei dem verschiedene Gin-Sorten probiert werden. Man lernt die Geschichte des Gins kennen und wie er am besten mit verschiedenen Botanicals kombiniert wird.

BBQ-Meisterkurs (ca. 100€)

Ein intensiver Grillkurs, bei dem man die hohe Kunst des BBQs erlernt – von der richtigen Vorbereitung des Fleisches bis hin zu den besten Grilltechniken.

Schokoladen-Workshop (ca. 80€)

Ein kreativer Workshop, in dem man lernt, wie man seine eigenen Pralinen und Schokoladenkreationen herstellt. Ideal für Naschkatzen und alle, die gerne Süßes verschenken.

Food-Truck-Tour durch die Stadt (ca. 50€)

Eine geführte Tour, bei der man verschiedene Food-Trucks in der Stadt besucht und deren Köstlichkeiten probiert – eine spannende und kulinarische Entdeckungsreise.

Trüffel-Tour mit Verkostung (ca. 150€)

Eine geführte Trüffel-Tour, bei der man mit einem erfahrenen Trüffelsucher auf die Jagd nach den kostbaren Knollen geht und im Anschluss an einer exklusiven Verkostung teilnimmt.

15

Reisen & Entspannung

Ob es um das Entdecken neuer Orte, das Abschalten vom Alltag oder das Genießen von Wellness und Ruhe geht – Reisen und Entspannung bieten den perfekten Ausgleich zum stressigen Alltag. In diesem Kapitel findest du eine Auswahl an Geschenkideen, die für Abenteuerlustige genauso geeignet sind wie für Männer, die Entspannung und Erholung suchen.

Geschenkideen im Fokus

Städtereise inklusive Hotelgutschein (ca. 300€)

Ein Gutschein für eine Wochenendreise in eine europäische Stadt, inklusive Übernachtung im Hotel. Ideal für Männer, die gerne neue Orte entdecken und sich kulturell inspirieren lassen möchten.

Wellness-Wochenende für Zwei (ca. 400€)

Ein entspannendes Wochenende in einem luxuriösen Wellness-Hotel, das verschiedene Anwendungen wie Massagen, Sauna und Spa umfasst. Perfekt für Männer, die sich eine Auszeit vom Alltag gönnen wollen.

Digital Detox Camp (ca. 500€)

Ein Wochenende ohne Smartphone, Laptop oder Social Media – dafür aber mit Achtsamkeitstraining, Naturerlebnissen und Ruhe. Diese Art von Retreat hilft dabei, den Kopf freizubekommen und die digitale Welt hinter sich zu lassen.

Günstige Reise- und Entspannungsgeschenkideen (bis 50€)

Tagesticket für eine Therme (ca. 40€)

Ein Tag voller Entspannung in einer Therme mit Sauna und Spa-Bereich. Ein ideales Geschenk für Männer, die einfach mal abschalten und die Seele baumeln lassen möchten.

Wanderung mit Übernachtung in einer Berghütte (ca. 50€)

Eine geführte Wanderung mit einer Übernachtung in einer Berghütte – ein Erlebnis, das sowohl sportlich als auch erholsam ist und die Schönheit der Natur in den Vordergrund stellt.

Reisegutschein für Kurztrips (ca. 50€)

Ein flexibler Gutschein, der für verschiedene Kurztrips innerhalb des Landes eingelöst werden kann. Ideal für Männer, die gerne spontan unterwegs sind.

Mittlere Preisklasse (50-150€)

Abenteuercamp in den Bergen (ca. 150€)

Ein Outdoor-Erlebnis der besonderen Art: In einem Abenteuercamp lernt man, in der Natur zu überleben – inklusive Wandern, Klettern und Übernachtung unter freiem Himmel. Ideal für Männer, die Action und Natur lieben.

Yoga- und Meditations-Retreat (ca. 120€)

Ein entspannendes Wochenende, bei dem die Teilnehmer die Kunst der Achtsamkeit und Entspannung erlernen. Perfekt für Männer, die Körper und Geist in Einklang bringen möchten.

Gutschein für einen Spa-Tag (ca. 100€)

Ein Tag voller Entspannung im Spa – von Massagen über Sauna bis hin zu wohltuenden Anwendungen. Ideal für Männer, die sich eine luxuriöse Auszeit gönnen möchten.

Teure Reise- und Entspannungsgeschenke (ab 150€)

Rundreise durch Europa (ca. 1000€)

Eine organisierte Rundreise durch mehrere europäische Städte oder Länder, bei der man die Kultur, Geschichte und das Essen verschiedener Regionen erkundet. Ein unvergessliches Erlebnis für Männer mit Fernweh.

Luxus-Wellness-Urlaub (ca. 800€)

Ein exklusiver Urlaub in einem Wellness-Resort, der Entspannung und Erholung auf höchstem Niveau bietet – inklusive Massagen, Yoga und Gourmet-Küche.

Abenteuer-Roadtrip mit Camper (ca. 600€)

Ein Roadtrip im gemieteten Camper durch unberührte Landschaften, mit

Stopps an malerischen Seen, Bergen und Wäldern. Ideal für Männer, die Freiheit und Abenteuer auf vier Rädern suchen.

Top-Neuheiten für 2024

Exklusives Glamping-Erlebnis (ca. 400€)

Glamping – also glamouröses Camping – bietet die Möglichkeit, mitten in der Natur zu sein, ohne auf Luxus verzichten zu müssen. Eine perfekte Mischung aus Abenteuer und Komfort.

Schiffstour mit Übernachtung auf einem Segelboot (ca. 500€)

Eine mehrtägige Segeltour, bei der man an Bord eines Segelbootes übernachtet und gleichzeitig die Schönheit des Meeres und der Küstenlandschaft erlebt. Ideal für Männer, die das Meer lieben.

Luxus-Digital-Detox-Retreat (ca. 700€)

Ein exklusives Retreat, das völlige Entspannung ohne digitale Ablenkungen bietet. Hier stehen Achtsamkeit, Wellness und Entschleunigung im Mittelpunkt – perfekt für Männer, die sich komplett aus der digitalen Welt zurückziehen wollen.

Weitere Geschenkideen für Reisen & Entspannung

Übernachtung im Baumhaus (ca. 150€)

Ein außergewöhnliches Übernachtungserlebnis in einem Baumhaus, hoch über dem Boden und umgeben von Natur. Perfekt für Männer, die Abgeschiedenheit und Ruhe suchen.

Mietwagen-Roadtrip durch eine Region (ca. 200€)

Ein Roadtrip mit einem gemieteten Auto durch eine landschaftlich reizvolle Region. Die Reise kann nach eigenen Wünschen gestaltet werden, was volle Flexibilität bietet.

Segeltörn mit Skipper (ca. 300€)

Ein Tag auf dem Meer, gesteuert von einem erfahrenen Skipper. Ideal für Männer, die das Meer und den Wind in den Segeln genießen möchten.

Ayurveda-Wellness-Tage (ca. 200€)

Mehrere Tage der Entspannung und Heilung im Rahmen eines Ayurveda-Programms, das Massagen, spezielle Ernährung und Yoga umfasst. Ideal für Männer, die einen ganzheitlichen Ansatz zur Entspannung suchen.

Flug über die Alpen im Heißluftballon (ca. 250€)

Ein atemberaubender Flug über die Alpen in einem Heißluftballon. Dieses Erlebnis bietet eine einzigartige Aussicht und das Gefühl von Freiheit hoch über den Bergen.

Sauna-Wochenende im Naturhotel (ca. 180€)

Ein entspannendes Wochenende in einem Naturhotel mit Sauna und Wellness-Angeboten – ideal für Männer, die die Ruhe der Natur mit wohltuenden Anwendungen kombinieren wollen.

Schneeschuhwanderung mit Guide (ca. 80€)

Eine geführte Wanderung durch verschneite Landschaften auf Schneeschuhen – perfekt für Männer, die Naturerlebnisse im Winter lieben.

Thermalbad-Wochenende (ca. 250€)

Ein Wochenende in einem der besten Thermalbäder des Landes, mit Zugang zu verschiedenen Bädern, Saunen und Anwendungen. Perfekt für totale Entspannung.

Offroad-Safari (ca. 150€)

Ein Abenteuer mit einem Geländewagen durch anspruchsvolles Gelände. Perfekt für Männer, die das Abenteuer suchen und gleichzeitig die Natur erleben wollen.

Schluchten-Abenteuer (ca. 100€)

Ein Abenteuer in einer beeindruckenden Schlucht, bei dem man sich abseilt, schwimmt und klettert. Ein Geschenk für Männer, die die Herausforderung und den Nervenkitzel lieben.

16

Kultur & Bildung

Für Männer, die sich für Kultur, Kunst und persönliche Weiterentwicklung interessieren, sind Geschenke aus den Bereichen Kultur und Bildung eine tolle Möglichkeit, den eigenen Horizont zu erweitern und neue Fähigkeiten zu erlernen. Von Theaterbesuchen über Fotografie-Kurse bis hin zu Rhetorik-Seminaren – in diesem Kapitel findest du eine Auswahl an Geschenkideen, die den Geist bereichern und inspirieren.

Geschenkideen im Fokus

Theater-Abonnement (ca. 200€)

Ein Abonnement für mehrere Aufführungen in einem Theater der Wahl – ideal für Männer, die sich für Theater, klassische Stücke oder moderne Inszenierungen interessieren. Perfekt, um über das Jahr verteilt kulturelle Highlights zu erleben.

Fotografie-Kurs für Einsteiger (ca. 150€)

Ein Kurs, der die Grundlagen der Fotografie vermittelt – von der richtigen Kameraeinstellung bis zur Bildkomposition. Ideal für Männer, die ihre fotografischen Fähigkeiten verbessern und ihre Kreativität ausleben möchten.

Rhetorik- und Präsentationsseminar (ca. 250€)

Ein intensives Seminar, bei dem die Teilnehmer lernen, überzeugend zu sprechen und souverän aufzutreten. Perfekt für Männer, die ihre beruflichen und persönlichen Kommunikationsfähigkeiten verbessern möchten.

Günstige Kultur- und Bildungsgeschenkideen (bis 50€)

Eintrittskarte für ein Konzert (ca. 40€)

Ein Ticket für ein Konzert in der Lieblingsmusikrichtung – sei es Klassik, Rock oder Jazz. Ein tolles Geschenk für Musikliebhaber, die gerne Live-Performances genießen.

Museums-Tagesticket (ca. 20€)

Ein Tagesticket für den Besuch eines Museums oder einer Kunstausstellung. Ideal für Männer, die sich für Kunst, Geschichte oder Wissenschaft interessieren.

Online-Kurs zu einem neuen Hobby (ca. 50€)

Ein flexibler Online-Kurs, der eine Vielzahl von Themen abdeckt – von Malerei über digitale Fotografie bis hin zu Sprachen. Perfekt für Männer, die sich ein neues Hobby aneignen möchten.

Mittlere Preisklasse (50-150€)

Workshop zur Bildbearbeitung (ca. 100€)

Ein Kurs, in dem die Grundlagen der Bildbearbeitung mit Programmen wie Photoshop oder Lightroom vermittelt werden. Ideal für Männer, die ihre Fotografien auf das nächste Level bringen möchten.

Musikunterricht für Gitarre oder Klavier (ca. 120€ für 5 Sitzungen)

Ein professioneller Musikunterricht für Einsteiger oder Fortgeschrittene – von der ersten Akkordfolge bis zum flüssigen Spiel auf der Gitarre oder dem Klavier.

Event-Ticket für ein Kulturfestival (ca. 150€)

Ein Ticket für ein großes Kulturfestival, das verschiedene Events wie Musik, Theater, Literatur und Kunst bietet. Perfekt für Männer, die kulturelle Vielfalt schätzen und gerne Neues entdecken.

Teure Kultur- und Bildungs-Geschenke (ab 150€)

Intensivseminar zur Persönlichkeitsentwicklung (ca. 400€)

Ein mehrtägiges Seminar, das sich auf Themen wie Führung, Selbstbewusstsein und persönliche Weiterentwicklung konzentriert. Ideal für Männer, die ihre beruflichen und persönlichen Fähigkeiten ausbauen möchten.

Fotoreise mit Profi-Fotografen (ca. 800€)

Eine geführte Reise mit einem Profi-Fotografen, bei der man an malerischen

Orten das Fotografieren unter professioneller Anleitung erlernt. Perfekt für Männer, die Reisen und Fotografie kombinieren möchten.

Opernwochenende mit Hotelaufenthalt (ca. 600€)

Ein luxuriöses Wochenende inklusive einer Übernachtung in einem Hotel und einem Besuch in der Oper. Ideal für Männer, die klassische Musik und Kultur in gehobenem Ambiente genießen möchten.

Top-Neuheiten für 2024

Virtuelle Museumsführung mit Kunsthistoriker (ca. 100€)

Eine digitale Führung durch berühmte Museen und Ausstellungen weltweit, geleitet von einem Kunsthistoriker. Ideal für Männer, die sich für Kunst und Geschichte interessieren und bequem von zu Hause aus teilnehmen wollen.

Interaktives Schauspiel-Workshop-Set (ca. 150€)

Ein innovativer Schauspiel-Workshop, bei dem die Teilnehmer online mit einem professionellen Schauspieler trainieren und ihre Fähigkeiten in Mimik, Gestik und Sprache verbessern.

Masterclass von einem renommierten Künstler (ca. 200€)

Ein exklusiver Online-Kurs von einem renommierten Künstler, bei dem man tief in die Techniken und den kreativen Prozess eines Meisters eintauchen kann. Ideal für Männer, die ihre kreativen Fähigkeiten weiterentwickeln wollen.

Weitere Geschenkideen für Kultur & Bildung

Schreibworkshop für Kreative (ca. 80€)

Ein Workshop, in dem die Teilnehmer lernen, eigene Geschichten zu schreiben – sei es Kurzgeschichten, Romane oder Drehbücher. Perfekt für Männer, die gerne ihre Kreativität in Worte fassen.

Kalligraphie-Kurs (ca. 70€)

Ein Kurs, in dem man die Kunst der Kalligraphie erlernt. Ideal für Männer, die eine neue kreative Fähigkeit erlernen und ihre Handschrift veredeln möchten.

Führung durch historische Städte (ca. 60€)

Eine geführte Tour durch eine historische Stadt, bei der man tief in die Geschichte eintaucht und spannende Geschichten über vergangene Zeiten erfährt.

Kochkurs für internationale Küche (ca. 100€)

Ein Kochkurs, in dem man die Zubereitung von Spezialitäten aus verschiedenen Ländern erlernt – von der italienischen Pasta bis hin zur thailändischen Currysauce. Ideal für Männer, die kulinarische Vielfalt lieben.

Tanzunterricht (ca. 90€ für 5 Sitzungen)

Ein professioneller Tanzkurs, bei dem man die Grundlagen des Tanzens erlernt – sei es Standard, Salsa oder Hip-Hop. Perfekt für Männer, die sich gerne bewegen und neue Fähigkeiten erwerben wollen.

Buchclub-Mitgliedschaft (ca. 50€)

Eine Mitgliedschaft in einem Buchclub, bei dem regelmäßig neue Literatur empfohlen und diskutiert wird. Ideal für Männer, die gerne lesen und sich mit anderen über Bücher austauschen möchten.

Führung hinter den Kulissen eines Theaters (ca. 70€)

Eine exklusive Führung hinter den Kulissen eines Theaters, bei der man Einblicke in die Welt der Schauspieler, Bühnenbilder und Regisseure erhält.

Musik-Event mit anschließender Gesprächsrunde (ca. 50€)

Ein musikalisches Event, gefolgt von einer Gesprächsrunde mit den Künstlern – ideal für Musikliebhaber, die nicht nur das Konzert, sondern auch den Austausch mit den Musikern schätzen.

Rhetorik-Coaching für Führungskräfte (ca. 200€)

Ein intensives Coaching, das Führungskräften hilft, ihre rhetorischen Fähigkeiten zu verbessern und souverän vor Gruppen zu sprechen. Perfekt für Männer, die in ihrer Karriere aufsteigen wollen.

Lichtkunst-Workshop (ca. 100€)

Ein kreativer Workshop, bei dem man die Kunst des Spielens mit Licht erlernt – sei es in der Fotografie oder in Installationen. Ideal für Männer, die sich für Kunst und Technik begeistern.

17

Last-Minute-Weihnachtsgeschenkideen

Nicht jeder schafft es, schon Wochen vor Weihnachten alle Geschenke parat zu haben. Doch auch auf den letzten Drücker kannst du noch Geschenke finden, die gut ankommen und zeigen, dass du dir Gedanken gemacht hast.

Klassiker

Digitale Gutscheine (ca. 10 € - 100 €)

Digitale Gutscheine für Plattformen wie Amazon, Google Play oder iTunes lassen sich schnell kaufen und direkt an den Beschenkten senden. Obwohl sie weniger persönlich sind, bieten sie dem Empfänger die Freiheit, sich genau das zu holen, was er möchte.

Streaming-Abonnements (ca. 10 € - 30 €)

Ein Abonnement für Netflix, Disney+, Spotify oder Audible ist schnell abgeschlossen und bietet Unterhaltung für viele Stunden. Besonders praktisch für Film- oder Musikliebhaber.

Digitale Erlebnisgeschenke (ca. 30 € - 100 €)

Plattformen wie Jochen Schweizer oder MyDays bieten Gutscheine für Online-Erlebnisse wie Kochkurse, Fotografie-Workshops oder digitale Escape Rooms. Diese Gutscheine lassen sich einfach per E-Mail verschicken und bieten dennoch ein einzigartiges Erlebnis.

Trendgeschenke

Letzte Chance bei Online-Lieferungen (Expressversand)

Viele Online-Händler bieten die Möglichkeit, über Expressversand Geschenke innerhalb weniger Tage zu liefern. Es lohnt sich, diese Option für größere Geschenke zu nutzen.

Digitale Kunstwerke oder Designs (ca. 30 € - 80 €)

Künstler bieten oft digitale Versionen ihrer Werke an, die nach dem Kauf direkt heruntergeladen werden können. Ein einzigartiges digitales Kunstwerk, das auf die Vorlieben des Beschenkten abgestimmt ist, ist ein kreatives und sofort verfügbares Geschenk.

Virtuelle Fitness-Abos oder Yoga-Kurse (ca. 20 € - 50 €)

Immer mehr Fitnessstudios bieten virtuelle Mitgliedschaften an, die bequem von zu Hause aus genutzt werden können. Für sportliche Männer, die sich fit halten möchten, ist das eine willkommene Geschenkidee.

18

Die emotionale Kraft personalisierter Geschenke

Die emotionale Wirkung von personalisierten Geschenken

Personalisierte Geschenke haben eine besondere emotionale Wirkung, da sie oft zeigen, dass der Schenkende sich Gedanken gemacht hat und die Beziehung zum Beschenkten schätzt. Ein personalisiertes Geschenk spiegelt die Individualität des Empfängers wider und hebt sich von massenproduzierten Geschenken ab. Es zeigt, dass man auf Details achtet und die Vorlieben oder besonderen Momente der Person kennt.

Beispiele für emotionale Wirkung:

- **Individuelle Botschaften**: Ein personalisiertes Geschenk mit einer emotionalen Widmung oder einer eingravierten Nachricht kann tiefe Gefühle von Wertschätzung, Zuneigung und Bindung hervorrufen. Solche Geschenke schaffen bleibende Erinnerungen.
- **Symbol für die Beziehung**: Ein personalisierter Gegenstand kann auch ein Symbol für eine besondere Beziehung oder gemeinsame Erinnerungen sein. Es zeigt, dass du die gemeinsame Geschichte und die Bedeutung der Beziehung schätzt.

- **Einzigartigkeit und Einfühlungsvermögen**: Der Empfänger spürt, dass das Geschenk einzigartig für ihn gemacht wurde, was oft stärker emotional berührt als ein einfaches, nicht personalisiertes Geschenk.

Personalisierte Geschenke verstärken das Gefühl der Verbundenheit und hinterlassen einen bleibenden Eindruck, da sie nicht austauschbar sind. Sie wirken als starke emotionale Anker, die den Moment des Schenkens lange in Erinnerung behalten.

Warum Erlebnisse oft länger in Erinnerung bleiben als materielle Geschenke

Erlebnisse haben eine besondere Art, sich im Gedächtnis zu verankern, da sie oft intensive Emotionen und gemeinsame Erinnerungen hervorrufen. Während materielle Geschenke im Laufe der Zeit ihren Reiz verlieren können, wirken Erlebnisse langfristig und schaffen Verbindungen, die oft jahrelang in Erinnerung bleiben.

Psychologische Gründe:

- **Emotionale Intensität**: Erlebnisse, vor allem außergewöhnliche oder einmalige, schaffen intensive Emotionen wie Freude, Überraschung oder Begeisterung. Diese starken Emotionen führen dazu, dass das Erlebnis lebhaft im Gedächtnis bleibt.
- **Gemeinsame Erinnerungen**: Wenn ein Erlebnis mit anderen Menschen geteilt wird – sei es ein Konzert, eine Reise oder ein Abenteuer – entstehen gemeinsame Erinnerungen, die langfristig die Beziehung stärken und immer wieder zum Gespräch werden können. Diese Erlebnisse verbinden und schaffen tiefere Bindungen als materielle Dinge.
- **Erfahrungen bereichern das Leben**: Forschungsergebnisse zeigen, dass Menschen Erlebnisse im Rückblick oft mehr schätzen als materielle Besitztümer, da Erfahrungen unser Leben direkt beeinflussen. Ein materielles Geschenk kann veralten oder kaputtgehen, aber die Erinnerung an ein Erlebnis bleibt.

Das Erlebnis als Geschenk bietet also nicht nur einen Moment der Freude, sondern trägt auch dazu bei, langfristig Glück und Zufriedenheit zu fördern.

Der Zusammenhang zwischen Stress und Geschenkewahl in der Weihnachtszeit

Die Weihnachtszeit ist oft von Vorfreude und festlicher Stimmung geprägt, aber sie bringt auch hohen Stress mit sich. Ein wesentlicher Faktor, der zu diesem Stress beiträgt, ist der Druck, das perfekte Geschenk zu finden. Dies kann verschiedene Ursachen haben:

- **Erwartungen erfüllen**: Viele Menschen fühlen sich unter Druck gesetzt, die Erwartungen ihrer Liebsten zu erfüllen. Ob es der Partner, die Familie oder Freunde sind – die Sorge, das falsche Geschenk auszuwählen oder nicht genug Mühe investiert zu haben, kann zu erheblichem Stress führen.
- **Zeitdruck und Last-Minute-Käufe**: Besonders wenn die Zeit knapp wird und noch keine Geschenke besorgt sind, steigt der Stresspegel. Last-Minute-Käufe führen oft zu unüberlegten Entscheidungen, was die Qualität des Geschenks mindern und das Gefühl verstärken kann, nicht genug durchdacht gehandelt zu haben.
- **Finanzieller Druck**: Weihnachten kann auch eine finanzielle Belastung darstellen. Der Druck, teure oder beeindruckende Geschenke zu kaufen, kann Stress verursachen, besonders wenn das Budget knapp ist.
- **Vergleiche mit anderen**: In der heutigen Gesellschaft, insbesondere durch soziale Medien, vergleichen viele Menschen ihre Geschenke oder das Schenkerlebnis mit dem, was andere tun. Dies kann zu einem Gefühl der Unzulänglichkeit führen und zusätzlichen Stress auslösen.

Stressbewältigung bei der Geschenkewahl:

- **Frühzeitig planen**: Eine gut organisierte Planung und frühzeitige Vorbereitung reduzieren den Last-Minute-Druck erheblich.
- **Realistische Erwartungen**: Es ist wichtig, sich daran zu erinnern, dass es

nicht nur um den materiellen Wert eines Geschenks geht, sondern um die Geste und die damit verbundene Aufmerksamkeit.

- **Kreativität statt Kosten**: Kreative, selbstgemachte oder gut durchdachte Geschenke können genauso wertvoll sein wie teure Präsente. Sie zeigen, dass man sich Zeit und Gedanken gemacht hat.

Wie man durch Geschenke langfristig Bindungen stärkt

Geschenke haben eine tiefere Bedeutung, wenn sie dazu beitragen, eine Beziehung zu vertiefen oder zu festigen. Dabei geht es weniger um den Wert des Geschenks, sondern darum, wie gut es auf die Beziehung abgestimmt ist und welche Emotionen es auslöst.

Wichtige Faktoren, um Bindungen zu stärken:

- **Achtsamkeit und Aufmerksamkeit**: Ein Geschenk, das auf die individuellen Vorlieben, Bedürfnisse und Interessen des Beschenkten abgestimmt ist, zeigt, dass du ihn aufmerksam beobachtest und seine Persönlichkeit schätzt. Diese Achtsamkeit schafft Vertrauen und stärkt die emotionale Verbindung.
- **Gemeinsame Erlebnisse**: Geschenke, die zu gemeinsamen Erlebnissen führen, wie ein Ausflug, ein Kurs oder ein Event, bieten die Möglichkeit, Zeit miteinander zu verbringen. Diese Erlebnisse fördern das Zusammeng ehörigkeitsgefühl und schaffen wertvolle Erinnerungen.
- **Symbolische Bedeutung**: Geschenke mit symbolischem Wert – wie ein Andenken an ein gemeinsames Erlebnis oder ein Gegenstand, der eine bestimmte Geschichte erzählt – sind oft tief mit Emotionen verbunden. Sie erinnern den Beschenkten an die besondere Beziehung und heben die gemeinsame Vergangenheit oder Zukunft hervor.

Tipps für das Schenken, das Bindungen stärkt:

- **Regelmäßiges Schenken**: Kleine, durchdachte Geschenke zwischendurch zeigen, dass du kontinuierlich an die Person denkst. Sie verstärken die emotionale Bindung über die Zeit.
- **Langfristiger Nutzen**: Geschenke, die einen langfristigen Nutzen bieten – etwa eine Pflanze, die wächst, oder ein gemeinsames Projekt – stärken die Beziehung, da sie über einen längeren Zeitraum Freude bereiten.
- **Ernsthaftigkeit und Tiefe**: Ein Geschenk, das zeigt, dass man sich wirklich Gedanken gemacht hat, kann die Bedeutung der Beziehung unterstreichen und die gegenseitige Wertschätzung erhöhen.

19

Expertenmeinungen zur Weihnachtszeit

Schenken ist mehr als nur der Austausch von materiellen Dingen. Es spiegelt oft die Beziehung zwischen Schenkendem und Beschenktem wider. Um einen tieferen Einblick in das Thema Schenken zu geben, haben wir Experten aus verschiedenen Bereichen befragt.

Interviews mit Beziehungsexperten

1. **Was Geschenke über die Beziehung aussagen** Ein Geschenk ist oft mehr als nur ein materieller Gegenstand. Es zeigt, wie gut man den anderen kennt und wie viel Gedanken man sich bei der Auswahl gemacht hat. Beziehungsexperten betonen, dass besonders durchdachte und persönlich abgestimmte Geschenke die Bindung zwischen zwei Menschen stärken können. Auf der anderen Seite können unüberlegte Geschenke das Gegenteil bewirken.
2. **Psychologische Wirkung von Geschenken** Psychologen erklären, dass Geschenke oft als nonverbale Kommunikation fungieren. Sie senden eine Botschaft über Wertschätzung, Interesse und Zuneigung. Ein gut gewähltes Geschenk kann das Selbstbewusstsein des Beschenkten stärken und die Beziehung vertiefen.

20

Schlusswort

Die Kunst des Schenkens zu Weihnachten meistern

Weihnachten ist eine besondere Zeit des Jahres, in der Schenken eine Möglichkeit ist, Zuneigung, Dankbarkeit und Freundschaft auszudrücken. Es ist jedoch nicht nur der materielle Wert eines Geschenks, der zählt – die Bedeutung eines Geschenks liegt oft in der Botschaft, die es vermittelt. Ein gut gewähltes Geschenk kann eine starke emotionale Wirkung haben, Beziehungen stärken und tiefe Erinnerungen schaffen.

Die Kunst des Schenkens besteht darin, auf die Person einzugehen, ihre Wünsche und Interessen zu verstehen und dabei sowohl Kreativität als auch Achtsamkeit walten zu lassen. Sei es ein personalisiertes Geschenk, ein Erlebnis oder etwas Selbstgemachtes – das Wichtigste ist, dass das Geschenk von Herzen kommt und den Beschenkten wirklich anspricht.

In diesem Buch hast du eine Vielzahl von Ideen und Anregungen für Weihnachtsgeschenke erhalten. Von Technik über Erlebnisse bis hin zu DIY-Projekten – du hast die Werkzeuge in der Hand, um das perfekte Geschenk zu finden. Vergiss dabei nie die eigentliche Bedeutung von Weihnachten: die gemeinsame Zeit mit den Menschen, die dir wichtig sind, und die Freude, die du durch deine Aufmerksamkeit und Fürsorge vermittelst.

In diesem Sinne: Frohe Weihnachten und viel Freude beim Schenken!

Printed in Poland
by Amazon Fulfillment
Poland Sp. z o.o., Wrocław

40560558R00060